EL CORAZÓN
DEL LÍDER

APRENDER A LIDERAR CON EL
CARÁCTER DE JESÚS

JON BYLER

GRUPO NELSON
Una división de Thomas Nelson Publishers
Desde 1798

NASHVILLE   DALLAS   MÉXICO DF.   RÍO DE JANEIRO

Dedicado a mi esposa Loice, a quien Dios ha usado más
de lo que ella jamás sabrá en modelar mi carácter y en
ayudarme a llegar a ser el líder que hoy soy.

Publicado en Nashville, Tennessee, Estados Unidos de América. Grupo Nelson, Inc. es una
subsidiaria que pertenece completamente a Thomas Nelson, Inc. Grupo Nelson es una marca
registrada de Thomas Nelson, Inc. www.gruponelson.com

Título en inglés: *The Heart of Christian Leadership*
© 2010 por Jon Byler

Publicado por Authentic Books. P. O. Box 2190, Secunderabad 500 003, Andhra Pradesh. www.
authenticindia.in. 1820 Jet Stream Drive, Colorado Springs, CO 80921, EE.UU. www.
authenticbooks.com. Publicado previamente por Global Disciples, Lancaster, PA 17603, EE.UU.
Authentic Books es un sello de Authentic Media, el departamento editorial de Biblica South Asia.

Editora en Jefe: *Graciela Lelli*
Traducción: *Eugenio Orellana*
Adaptación del diseño al español: *Grupo Nivel Uno, Inc.*

ISBN: 978-1-60255-064-3

Impreso en Estados Unidos de América

13 14 15 16 17 RRD 9 8 7 6 5 4 3 2 1

CONTENIDO

1 Corintios 13 para líderes

Si yo hablase en una forma que entusiasme a mis oyentes y me colmasen de alabanzas pero no tengo amor, no estoy siendo mejor que un político parlanchín.

Si yo tuviese el don del liderazgo y pudiese contagiar a la gente con mi visión; y si tuviese en la punta de los dedos la última novedad en liderazgo pero no tengo amor, no sería más que una cáscara de hombre.

Si yo aprendiese a servir a otros y estuviese dispuesto a hacer los trabajos menos dignos pero no tengo amor, mi cuenta en el cielo permanecería en rojo.

Los verdaderos líderes son pacientes cuando quienes los siguen no logran visualizar lo que ellos ven; se dan el tiempo para escuchar a un niño aunque eso no traiga ningún brillo a su informe mensual, no son celosos del crecimiento explosivo de otras iglesias ni se dedican a publicitar sus propios éxitos.

Los líderes como Cristo no restan importancia a los demás aun cuando tengan una actuación destacada en alguna importante reunión; no hacen decisiones basadas en la forma en que los demás los mirarán; no explotan cuando algún miembro del equipo comete un error que les hace verse mal ni lo registran por si es necesario usarlo en el futuro contra esa persona.

Los líderes siervos no se ponen contentos cuando les llegan informes negativos de otros líderes sino que se gozan cuando alguno de ellos experimenta una victoria.

Los líderes que se aprecian defienden a los débiles que están dirigiendo, no dejan de confiar aun cuando los apuñalen por la espalda, siguen creyendo en la gente incluso en tiempos difíciles y nunca, nunca, nunca se dan por vencidos.

El corazón puro de un líder auténtico nunca desmaya. Los libros, los seminarios y las técnicas de administración más acabadas pueden fallar, las obras de homilética más sofisticadas pueden terminar en el papelero, los grados académicos se arrugarán y se desvanecerán. Aun los más prestigiosos líderes solo conocen una parte del todo pero cuando Cristo regrese, él va a suplir lo faltante.

Los líderes inmaduros lo intentan con todas sus fuerzas pero no son más que un pobre reflejo del maestro. Sin embargo, cuando él regrese, nos guiará con total perfección.

Los líderes auténticos no dejan de reconocer que un día mirarán a Jesús a la cara y le darán cuenta de su liderazgo. Entonces, sus ojos serán abiertos completamente.

Mientras tanto, se mantienen guiando a otros con la fe puesta en Dios, esperando un futuro mejor y amando a aquellos a quienes dirigen. Pero lo más grande de todo esto, es el amor.

PRÓLOGO

Nos complace ofrecer a los lectores este excelente libro del doctor Jon Byler sobre el liderazgo cristiano.

Habiendo tantos libros sobre el tema, alienta que haya uno tan completo como *El corazón del líder.*

Debido a que las sociedades, las organizaciones y las iglesias no pueden funcionar sin un buen liderazgo, desde hace mucho tiempo se vienen haciendo estudios al respecto. En los últimos cien años se han invertido millones de dólares en investigaciones y análisis para dar con el secreto de un liderazgo efectivo. Los resultados han revelado que la diferencia entre una organización exitosa y otra que no lo es la hace, precisamente, el liderazgo.

A lo largo de toda la Biblia encontramos numerosos ejemplos de liderazgo bueno y malo. El libro de Jon se refiere a ellos para mostrarnos el corazón de un liderazgo saludable. Carácter, talento, habilidades y un llamado son fundamentales en el liderazgo cristiano. Este libro desarrolla una base firme para el carácter. Disfrute su lectura, aprenda de él y compártalo con otros.

Dr. Joseph D'souza,
Presidente del Grupo OM de Ministerios

2. John Maxwell, *Las 21 cualidades indispensables de un líder* (Nashville: Grupo Nelson, 2000), p. 4.

Capítulo 7
1. Benjamin Franklin, *Poor Richard's Almanack*, 1734 [*La ciencia del buen hombre Ricardo* (Guayaquil: La Nación, 1879)].

Capítulo 8
1. Real Academia Española, *Diccionario de la lengua española*, XXII ed., «perdón», http://lema.rae.es/drae/?val=perd%C3%B3n.
2. Jon Byler, *Free at Last* (Nairobi, Kenia: Centre for Christian Discipleship, 1997), p. 14.
3. Stan Toler, *Minute Motivators* (Tulsa, OK: River Oak, 2002), p. 22.
4. S. I. McMillen y David E. Stern, *None of These Diseases*, ed. revisada (Grand Rapids: Fleming H. Revell, 2000), pp. 206–207 [*Ninguna enfermedad* (Miami: Vida, 1986)].
5. Eugene B. Habecker, *Rediscovering the Soul of Leadership* (Colorado Springs, CO: Victor Books, 1996), p. 138.

Capítulo 9
1. Thom Houston, *King David* (n.p.: MARC Europe, 1987), pp. 149–50.
2. John C. Maxwell, *The Success Journey* (Nashville: Thomas Nelson, 1997), p. 175.
3. Habecker, *Rediscovering the Soul of Leadership*, p. 49.
4. Gary Smalley, *If Only He Knew* (Grand Rapids: Zondervan, 1982) [*Si los maridos supieran* (México: Edits. Asociados Mexicanos, 1983)].
5. Citado en Habecker, *Rediscovering the Soul of Leadership*, p. 51.

Capítulo 11
1. John C. Maxwell, *The Leadership Bible*, comentario sobre Jueces 12–16 [*Biblia de liderazgo de John C. Maxwell* (Nashville: Grupo Nelson, 2005)].

Notas

Introducción

1. John Maxwell, *Desarrolle el líder que está en usted* (Nashville, TN: Grupo Nelson, 1996), p. x.

Capítulo 1

1. Oswald Sanders, *Spiritual Leadership* (Chicago: Moody Press, 1994), p. 19 [*Liderazgo espiritual* (Grand Rapids: Outreach, 1984)].
2. Henry Clay, *Text-Book of Eloquence, a Collection of Axioms, Apothegms, Sentiments,Gathered from the Public Speeches of Henry Clay*, ed. G. Vandenhoff (n.p., 1844), p. 93.
3. Myles Munroe, *Becoming a Leader, Everyone Can Do It* (Bakersfield, CA: Pneuma Life, 1993), p. 83 [*Convirtiéndose en un líder* (New Kensington, PA: Whitaker House, 2009)].
4. John Maxwell, «Leadership That Goes the Distance», *Leadership Wired* 3, no. 9 (abril 2000): p. 1.
5. Rick Renner, *Who is Ready for a Spiritual Promotion?* (Tulsa, OK: Rick Renner Ministries, 2000), p. 90.
6. Munroe, *Becoming a Leader*, p. 115.
7. Ibid.
8. Ibid., p. 162.

Capítulo 2

1. Sanders, *Spiritual Leadership*, p. 15.
2. Ngiwiza Mnkandla, *The Church Leader in África*, 4° Trimestre, 2000.
3. Renner, *Who is Ready for a Spiritual Promotion?*, p. 203.
4. Sanders, *Spiritual Leadership*, p. 21.
5. Ibid., p. 16.

Capítulo 3

1. Roy Hession, *The Calvary Road* (Fort Washington, PA: CLC Publications, 1964), pp. 21–22 [*El camino del Calvario* (Bogotá: Centros de Literatura Cristiana, 1995)]. Aquí se está haciendo un juego de palabra entre «sin» y la letra «I». En inglés, *pecado* («sin») se escribe con «i», y *yo* es «I». Así, en el centro de pecado, «sIn», está una gran «I», que significa «yo» (nota del traductor).
2. Watchman Nee, *La liberación del Espíritu* (Buenos Aires: Logos, 1968).

Capítulo 6

1. Gerry Loughran, «Being Economical with the Truth Now in Vogue», *Sunday Nation*, febrero 2002.

Libros y recursos que se recomiendan, para su crecimiento continuo

Anderson, Neil. *Rompiendo las cadenas.*

Barna, George. *The Power of Team Leadership.*

Blanchard, Ken. *El corazón de un líder.*

———. *El secreto.*

Blanchard, Ken, y otros. *El factor generosidad.*

———. *Leadership by the Book.*

Briner, Bob, y otros. *Jesús, el líder modelo: su ejemplo y enseñanza para hoy.*

Byler, Jon. *7 Keys to Financial Freedom.*

———. *Authority.*

———. *Use That Gift.*

Covey, Stephen. *Los 7 hábitos de la gente altamente efectiva.*

Eims, LeRoy. *Cómo ser el líder que debieras ser.*

Finzel, Hans. *Los líderes: sus 10 errores más comunes.*

———. *Líderes competentes.*

Foster, Richard. *Alabanza a la disciplina.*

Hendricks, Howard. *Enseñando para cambiar vidas.*

Hybels, Bill. *Liderazgo audaz.*

Haggai, John Edmund. *Lead On!*

Hunter, Jim. *The Servant.*

Jacobs, Donald. *De los escombros al regocijo.*

Kouzes, James M. y Barry Z. Posner, *El desafío del liderazgo.*

LaHaye, Tim. *Why You Act the Way You Do.*

Lencioni, Patrick. *Las cinco disfunciones de un equipo.*

Littauer, Florence. *Enriquezca su personalidad.*

MacDonald, Gordon. *Ponga orden en su mundo interior.*

Marshall, Tom. *Understanding Leadership.*

Maxwell, John C. y Jim Dornan. *Seamos personas de influencia.*

Maxwell, John C. *Las 21 leyes irrefutables del liderazgo.*

———. *Los 21 minutos más poderosos en el día de un líder.*

———. *Actitud de vencedor.*

———. *Biblia de liderazgo de John C. Maxwell..*

———. *Compañeros de oración.*

———. *Desarrolle el líder que está en usted.*

———. *Injoy Life Club.*

———. *El lado positivo del fracaso.*

———. *The Pastor's MVP.*

———. *Priorities, the Pathway to Success* (vídeo)

———. *The Success Journey.*

———. *There's No Such Things As Business Ethics.*

———. *Thinking for Change.*

Meyer, Joyce. *El campo de batalla de la mente.*
——. *Cómo tener éxito en aceptarte a ti mismo.*
——. *El desarrollo de un líder.*
Munroe, Myles. *Convirtiéndose en un líder.*
——. *De la idea a la acción.*
Pollock, David. *Church Administration: The Dollars and Sense of it.*
Sanders, Oswald. *Discipulado espiritual: principios para que todo creyente siga a Cristo.*
Silvoso, Ed. *Anointed for Business.*
Smith, Ken. *It's About Time.*
Swarr, Sharon. *Transform the World.*
Tennyson, Mack. *Church Finances for People Who Count.*
Veith, Gene. *God at Work.*
Warren, Rick. *Una iglesia con propósito.*
——. *Una vida con propósito.*
Wilkinson, Bruce. *El dador de sueños.*
——. *La oración de Jabes.*
——. *Secretos de la vid.*
——. *Las siete leyes del aprendiz.*
——. *Teaching with Style.*
Ziglar, Zig. *Más allá de la cumbre.*
——. *Permanezca arriba, arriba, siempre en un mundo que va hacia abajo, abajo.*

Recursos en la Internet
(disponibles en inglés)

http://www.ncd-international.org, The Home for Natural Church Development. Opera con la premisa de que una iglesia sana crecerá y cuenta con herramientas para medir la salud de una iglesia en ocho áreas clave.

http://www.pastors.com, Rick Warren's Ministry ToolBox es un boletín de noticias semanal que contiene gran cantidad de sugerencias, contactos y artículos para ayudarle en su ministerio. (También tiene muchos otros recursos para pastores, correos electrónicos gratuitos para iglesias, etc.)

www.walkthru.org, Walk Through the Bible tiene muchos seminarios y recursos para el entrenamiento de profesores.

http://paul-timothy.net, recursos para entrenar pastores e iniciadores de iglesias en múltiples idiomas.

http://www.call2allmedia.org, muchos recursos para pastores y líderes. Muchas grabaciones de John Maxwell disponibles para escuchar por la Internet.

www.assess-yourself.org, pruebas gratuitas por la Internet para medir dones espirituales, carácter, amor a Dios, visión global y obstáculos para el crecimiento.

www.lared.org, un ministerio dedicado a enseñar principios bíblicos especialmente para gente de negocios. Se puede «bajar» material de enseñanza en formato PDF y contenido audio.

http://www.world-map.com, provee gratis la revista *ACTS* y el libro *Sheperd's Staff* a líderes en países en desarrollo.

http://sgai.org/resources/audio/index.php, enseñanzas por audio de Malcolm Webber.

http://www.biblestudytools.com/, gratis por la Internet, herramientas y recursos para estudios bíblicos.

http://www.biblica.com/, gratis por la Internet, Biblias y herramientas para estudios bíblicos.

http://www.sermonillustrations.com/, ilustraciones gratis para sermones en una variedad de temas.

http://www.biblestudytools.com/resources/maps/, mapas bíblicos gratis en PowerPoint.

http://www.ebibleteacher.com, una gran variedad de ilustraciones, pinturas, mapas y contactos con otros recursos.

http://www.xenos.org, una gran cantidad de material de una iglesia, material de ilustraciones, notas de sermones, bosquejos y escritos teológicos.

Boletines sobre liderazgo gratuitos por la Internet
(disponibles en inglés)

Leadership Magazine. Revista gratuita por el pastor Gregg Johnson. Se puede conseguir en forma de correo electrónico o impresa en http://www.globalleadershiptraining.org.

Leadership Letters, gratuita a través de correo electrónico por Malcolm Webber, www.LeadershipLetters.org.

The Leadership Link, Recursos y boletín de noticias gratuitos enfocados en líderes jóvenes por Tim Elmore se pueden conseguir por correo electrónico, http://www.growingleaders.com.

Leadership Wired, boletín de noticias gratis por correo electrónico por John Maxwell y *Pastor's Coach*, boletín de noticias gratuito por Dan Reiland, http://www.injoy.com/newsletters.

Ministry ToolBox, un boletín de noticias semanal gratuito publicado por Rick Warren con gran contenido de sugerencias, contactos y artículos diversos que le ayudarán en su ministerio, http://www.pastors.com.

Reflections for Servant Leaders, un boletín quincenal gratuito *eZine* por el autor enfocado en levantar líderes-siervos, http://www.LeaderServe.com.

Bibliografía

Byler, John. *Free at Last*. Nairobi, Kenia: Centre for Christian Discipleship, 1997.

Clay, Henry. *Text-Book of Eloquence, a Collection of Axioms, Apothegms, Sentiments, Gathered from the Public Speeches of Henry Clay*. Editado por G. Vandenhoff, n.p., 1844.

Franklin, Benjamin. *La ciencia del buen hombre Ricardo*. Guayaquil: La Nación, 1879.

Habecker, Eugene B. *Rediscovering the Soul of Leadership*. Colorado Springs, CO: Victor Books, 1996.

Hession, Roy. *El camino del Calvario*. Bogotá: Centros de Literatura Cristiana, 1995.

Houston, Tom. *King David*. n.p. MARC Europe, 1987.

Maxwell, John C. *Desarrolle el líder que está en usted*. Nashville, TN: Grupo Nelson, 1996.

——. «Leadership That Goes the Distance». *Leadership Wired*. 3.9 (abril 2000).

——. *Las 21 cualidades indispensables de un líder*. Nashville: Grupo Nelson, 2000.

——. *The Success Journey*. Nashville: Thomas Nelson, 1997.

McMillen, S. I. y David E. Stern. *Ninguna enfermedad*. Miami: Vida, 1986.

Mnkandla, Ngwiza. *The Church Leader in África*, 4° trimester. 2000.

Munroe, Myles. *Convirtiéndose en un líder*. New Kensington, PA: Whitaker House, 2009.

Nee, Watchman. *La liberación del Espíritu*. Buenos Aires: Logos, 1968.

Toler, Stan. *Minute Motivators*. Colorado Springs, CO: River Oak Publishing, 2002.

Renner, Rick. *Who is Ready for a Spiritual Promotion?* Tulsa, OK: Rick Renner Ministries, 2000.

Sanders, J. Oswald. *Liderazgo espiritual*. Grand Rapids: Outreach, 1984.

Smalley, Gary. *Si los maridos supieran*. México: Editores Asociados Mexicanos, EDAMEX: 1983.

INTRODUCCIÓN

¿Qué se necesita para hacer un líder cristiano realmente efectivo? Muchos cristianos, incluyéndome yo, nos hacemos esta pregunta. No pretendo en este libro tener todas las respuestas, pero le ruego que me permita contarle mi propia experiencia.

Cuando tenía veintiún años me di cuenta de que Dios me había llamado a un ministerio de tiempo completo, así es que empecé a caminar en tal dirección. Fui a la universidad y obtuve un título en Ministerio Cristiano. Por gracia de Dios sentí que mi hermoso diploma no representaba una preparación adecuada para hacer un trabajo eficiente de modo que durante un año me convertí en aprendiz de un experto en establecer iglesias. Aunque trabajando con él recibí experiencia seguía siendo un novato en materia de liderazgo. En 1991 me fui a Kenya, donde me asignaron para pastorear una iglesia recién establecida. En los siguientes cinco años me entregué en cuerpo y alma a ese trabajo, cometiendo muchos errores y alcanzando uno que otro éxito. Estaba decidido a edificar las vidas de los miembros de mi congregación. Aprendí a amarlos, lo que me permitió abrirles mi corazón. Alenté a los líderes laicos a desarrollar y pasar tiempo entrenando a otros para hacer la obra del ministerio. Aprendí a establecer metas, a preparar un presupuesto y una serie de otras cosas prácticas inherentes al liderazgo. Enseñé a mis líderes con el programa y los seminarios de la Educación Teológica por Extensión (ETE) confiando que los vería madurar en su relación con Cristo y continuarían dirigiendo la iglesia.

Durante ese tiempo, crecimos de 30 que éramos al comienzo a 250; además, iniciamos otras dos iglesias. Mientras pastoreaba me llamaron para ejercer las funciones de supervisor, lo que me permitió trabajar durante varios años con quince iglesias de la región. Al vivir las frustraciones y las alegrías de sus líderes, empecé e luchar con una cantidad de preguntas sobre el liderazgo. Mi deseo era ver a todas las iglesias funcionando perfectamente bien y creciendo fuertes y sanas; pero no siempre fue así. Sin ninguna duda, los pastores de aquellas iglesias podían dar hermosos testimonios de la forma en que Dios los estaba bendiciendo junto con sus congregaciones, pero cuando los visitaba veía las mismas caras de hacía un año. ¿Qué estaba pasando? ¿Qué podía hacer yo para ayudarles a crecer? ¿Por qué algunas crecían y otras no? Se me ocurrió que el problema estaba en la educación. *Si estos pastores pudieran ir a una escuela bíblica,* me decía, *las cosas podrían cambiar.* Así es que los animé a inscribirse en un instituto bíblico. Con algunos, funcionó; con otros, fue peor. Mi pregunta seguía sin obtener una respuesta.

Luego, pensé que el problema estaba en el ambiente. Algunos pastores con sus congregaciones estaban localizados en pueblos difíciles donde la mayoría de la gente era pobre y sin educación. Quizás esto, me dije, dificulte que las iglesias crezcan. Por ese tiempo, un buen amigo mío, sin formación teológica, se fue a una región bastante alejada con el propósito de comenzar una iglesia. En unos pocos años tenía una iglesia robusta y ya había comenzado algunas más. Otra de mis teorías se venía al suelo.

Mientras tanto, yo seguía volcando mi vida en las de mis líderes. Empecé a enseñar a tiempo parcial en una escuela bíblica, eché a andar en mi iglesia un programa de Educación Teológica por Extensión, desarrollé un seminario para líderes y me reunía regularmente con los pastores a quienes supervisaba para orar. Muchas de mis preguntas, sin embargo, seguían sin respuesta. Llegué a pensar que si bien muchos pueden ser líderes, otros nunca lo serán. Eso me pareció una decisión soberana del Dios todopoderoso sobre la cual yo no tenía control.

Durante ese tiempo, se me llamó para trabajar con el Centro para el Discipulado Cristiano (CDC), un ministerio dedicado a capacitar líderes. Empecé por leer y estudiar más acerca del liderazgo. En ese proceso, sentí que el material del doctor John Maxwell me presentaba algunos interesantes retos a la vez que ejercía una evidente influencia sobre mí. Me enseñó, por ejemplo que «Todo se levanta o se viene abajo a causa del liderazgo»[1] y que los líderes no nacen sino que se hacen. Aquello me dio una nueva esperanza en el sentido de que el liderazgo se puede aprender. En su material, el doctor Maxwell me proveía recursos prácticos e ideas que han favorecido grandemente mi enseñanza por lo cual le estoy muy agradecido.

Reanudé con renovado vigor y una determinación fresca mi empeño de establecer una diferencia en las vidas de mis líderes. Así, por los siguientes seis años me involucré en el entrenamiento de líderes a través del Instituto de Entrenamiento de Líderes y diferentes programas conectados con el CDC.

Cuando ahora reflexiono en lo que se requiere para hacer un líder cristiano efectivo, he identificado tres componentes esenciales: carácter, conocimiento y habilidades. Estos tres componentes son como las tres patas de un taburete.

Cada pata es necesaria para que el taburete se pare firme; sin una de ellas, sería imposible estabilizarlo. Sin el conocimiento de la Biblia un líder no podrá comunicar la verdad efectivamente y no podrá extraer del cúmulo de recursos contenidos en la Escritura lo que requiere para desarrollar su capacidad de liderazgo. Pero, la adquisición del conocimiento bíblico sin carácter terminará por crear un líder arrogante que no podrá mantenerse por mucho tiempo. El verdadero líder también necesita tener conocimiento sobre lo que es el liderazgo tanto como conciencia clara de sus virtudes y sus defectos. Algunos líderes tienen conocimiento y un buen carácter pero aun así no son los líderes efectivos que necesitan ser. Les falta la tercera «pata»: las habilidades. Son personas simpatiquísimas y aman profundamente al Señor pero sus iglesias nunca crecerán hasta alcanzar todo su potencial porque no son buenos líderes.

Las habilidades de que estamos hablando incluyen la capacidad de conectarse bien con los demás, tener visión y saber comunicarla,

> Tres componentes esenciales del liderazgo cristiano: carácter, conocimiento y habilidades.

fijar metas y administrar bien su tiempo, entender los diferentes tipos de personas, preparar a otros y darles la oportunidad de desarrollarse, tener habilidades administrativas y de comunicación y poder efectuar muchas otras funciones. También podemos denominar a estos componentes como la cabeza, el corazón y las manos. David, el pastor-rey, combinó estos tres elementos en una forma poderosa y efectiva. Con su cabeza conocía a Dios al punto que se le llamó un hombre conforme al corazón de Dios (1 Samuel 13.14). La Biblia también dice de él: «Y los apacentó conforme a la integridad de su *corazón*, los pastoreó con la pericia de sus *manos*» (Salmos 78.72, cursivas del autor).

En mi ministerio, Dios me ha llamado a concentrarme en las últimas dos de estas tres «patas»: carácter y habilidades. Con ello no estoy implicando en absoluto una falta de respeto por aquellos a quienes Dios ha llamado para que dediquen sus vidas a capacitar líderes con conocimiento. De veras que agradezco a Dios por lo que ellos han aportado a las vidas de los líderes a quienes han enseñado.

Sin embargo, este libro se concentra en el carácter. El compañero de este, *El arte del liderazgo cristiano* se enfoca en las habilidades. Ambos se han escrito pensando en quienes aspiran a alcanzar posiciones de liderazgo. Los principios que compartimos en este libro se pueden aplicar a líderes cristianos en todas las esferas de la sociedad incluyendo la iglesia. Mi oración a Dios es que al leerlo, usted lo encuentre útil para su vida y sienta que su contenido lo ha hecho a usted más efectivo en la iglesia, en su casa y en la sociedad.

Este libro debería usarse, antes que nada, como un estudio personal. Léalo, reflexione y reaccione. Use la sección Asignación para la acción al final de cada capítulo para dejar que el material cambie su vida. Y después que esto haya ocurrido, úselo con otros para que tengan igual beneficio.

Ese libro nació de las clases que he venido dictando a estudiantes para que se esfuercen en mejorar su carácter. El capítulo 8 lo he escrito junto con mi esposa Loice y el capítulo final con mi mentor y amigo, Ken Stoltzfus. El cuadro de las páginas 42 a 44 lo estoy usando con el correspondiente permiso de Johnny Long. Un agradecimiento muy especial a todos los que me han ayudado a preparar este manuscrito, incluyendo a Florence Muchami, Linda Moffet, Amy Calkins y Linda Boll. ¡Qué bendición ha sido cada uno de ustedes para mí!

PRIMERA PARTE

El fundamento

Capítulo 1

EL CORAZÓN DEL ASUNTO

Piense por un momento en un líder a quien usted admira de manera especial. ¿Qué es lo que respeta en esa persona? ¿Qué es lo que lo atrae de ella? No siga leyendo sino hasta después que haya dado respuesta en su mente a estas preguntas.

¿Cuáles son las respuestas? ¿Fue su apariencia? ¿O fueron sus logros académicos? Difícilmente. ¿Pensó en cosas que él hace o quizás en cualidades que posee en su ser interior? Lo más probable es que haya pensado en los rasgos del carácter más que en sus credenciales académicas o en su conducta. Si pensó en lo que esa persona hace tendría que aceptar que tales acciones proceden de su carácter. Normalmente, el carácter es lo que nos hace acercarnos a ciertos líderes y alejarnos de otros.

Pensemos, por ejemplo, en Nelson Mandela, un líder que es respetado y querido en todo el mundo. ¿Qué es lo que ha hecho que tenga tan grande influencia en las vidas de tantos? ¿Sería por su posición de liderazgo? Definitivamente, no. Por muchos años no fue más que un preso. Mandela es respetado por su carácter, su capacidad para soportar el encarcelamiento sin amarguras, sus ansias de paz en lugar de conflictos y su voluntad para perdonar a aquellos que le habían causado tanto mal. Es un líder indiscutido por su carácter.

¿Qué es el carácter? Poniéndolo en forma sencilla, *el conjunto de cualidades o rasgos que hacen a una persona.* Es el centro de su ser, el corazón de lo que usted es. Reputación es la opinión que otros tienen de usted; carácter es lo que usted realmente es.

La importancia del carácter

Dios se fija en el carácter

El mundo pone su atención en las credenciales. Cuando usted solicita un trabajo debe presentar un resumé o curriculum vitae que atestigüe sus credenciales académicas y profesionales. Juzgamos el éxito de alguien por la cantidad de sus posesiones materiales. Juzgamos a un pastor no por el tamaño de su carácter sino por el tamaño de su congregación. Juzgamos a un hombre de negocios por sus ingresos trimestrales más que por lo que pasa en su corazón.

Dios, sin embargo, pasa por sobre todas estas cosas y va directo al corazón. 1 Samuel 16.7 dice:

> Y Jehová respondió a Samuel: No mires a su parecer, ni a lo grande de su estatura, porque yo lo desecho; porque Jehová no mira lo que mira el hombre; porque el hombre mira lo que está delante de sus ojos, pero Jehová mira el corazón.

Insisto: Cuando Dios buscó un líder, escogió a la persona por su carácter en lugar de por su capacidad. Él no estaba interesado en diplomas o en logros académicos. Buscó entre las multitudes a personas con un corazón puro. 2 Crónicas 16.9 dice: «Porque los ojos de Jehová contemplan toda la tierra, para mostrar su poder a favor de los que tienen corazón perfecto para con él».

La Escritura se refiere a David como un *líder* conforme al corazón de Dios (Hechos 13.22). David alcanzó grandes triunfos en materia de liderazgo aunque también falló en áreas muy importantes. Sí. Su corazón era según Dios. Poseía un carácter sólido. Supo reconocer y aceptar plenamente la importancia del arrepentimiento y la humillación delante de Dios.

En su libro *Spiritual Leadership* (*Liderazgo espiritual*), J. Oswald Sanders dice: «Nuestro Señor dejó bien claro ante Jacobo y Juan que la alta posición en el reino de Dios está reservada para aquellos cuyos corazones —aun en los lugares secretos donde nadie más puede mirar— califican».[1]

¿Qué ve Dios cuando mira su corazón? ¿Ve a un hombre, o a una mujer, según su corazón?

Los seguidores buscan carácter

No solo Dios busca carácter, también los seguidores buscan esta cualidad en quienes los guían. En todo el mundo la gente clama por líderes con buen carácter. El panorama mundial está contaminado con líderes que se han dedicado a acumular poder y riqueza para ellos al costo que sea. Día tras día, la integridad es sacrificada en el altar de la conveniencia personal. Las masas gimen para sus adentros y claman por un hombre o una mujer de carácter que se levante y los guíe.

Henry Clay dijo: «De todas las cualidades que pudieran desear los hombres, ninguna más apreciada que el carácter».[2] Tales palabras son un reflejo de lo que el autor de Proverbios dice en 22.1: «De más estima es el buen nombre que las muchas riquezas. Y la buena fama más que la plata y el oro».

El carácter en un líder hace que sus seguidores le tengan confianza para seguirlo en su visión. Myles Munroe escribió: «La única manera para que los demás te tengan confianza es que vean que eres confiable en las cosas pequeñas, que eres alguien comprometido con tus propósitos y que estás dispuesto a dar la vida por tu causa».[3] Sin esta seguridad y confianza, es imposible un liderazgo efectivo. Maxwell se refiere a la confianza como la cualidad indispensable del liderazgo y dice: «El liderazgo solo funciona sobre la base de la confianza».[4] Cuando sus seguidores lo observan ¿ven en usted a una persona de carácter, alguien en quien pueden confiar?

El carácter determina nuestro éxito en el liderazgo cristiano

El carácter es la base de un liderazgo cristiano exitoso. Liderazgo es influencia y la capacidad de influir a otros está íntimamente relacionada con el carácter. Rick Renner ha dicho: «Tu influencia no es más fuerte que tu vida personal».[5] Sin un carácter sólido es imposible pretender un éxito perdurable. Con carisma y encanto es posible lograr pequeños éxitos pero sin un carácter sólido no se puede mantener por largo tiempo la obra de Dios.

Munroe dice: «La cualidad de su carácter es la medida de la efectividad de su liderazgo. El verdadero liderazgo no puede estar divorciado de las cualidades básicas que producen un carácter bueno y sano».[6] Hay líderes cristianos que se han elevado en las alas del éxito solo para caer estrepitosamente debido a un carácter defectuoso.

Para algunos, la razón de la caída ha sido la avaricia, para otros ha sido la inmoralidad o la rebeldía contra la autoridad pero en cada circunstancia, la razón que haya sido, estará relacionada con el carácter del líder. Algunos tienen la habilidad para ascender hasta las alturas pero carecen del carácter para permanecer allí. El carácter determina cuán lejos puede ir, por cuanto tiempo irá y cuántos irán con usted.

Por esta razón, muchos líderes fallan a pesar de su educación altamente calificada y su gran conocimiento bíblico. Incluso, pueden tener cualidades de liderazgo bien desarrolladas pero tarde o temprano quedarán en evidencia sus fallas en el carácter y se expondrán a perder el respeto de sus seguidores. La falta de carácter siempre conlleva un alto precio. El escritor de Proverbios es sabio cuando dice: «Sobre toda cosa guardada, guarda tu corazón; porque de él mana la vida» (4.23). Un escritor anónimo lo dijo de esta manera: «Cuando se pierden las riquezas, no se ha perdido nada. Cuando se ha perdido la salud, se ha perdido algo. Cuando se pierde el carácter, se ha perdido todo». El carácter es el corazón del liderazgo.

Desarrollo del carácter

Ya que el carácter es indispensable en la vida de un líder, usted debería pensar seriamente en cómo se está desarrollando el suyo. El desarrollo del carácter es un proceso que dura toda la vida y que requiere trabajo continuo.

Desafortunadamente, leer libros o asistir a clases no desarrollan el carácter. Ni este libro que se enfoca en el tema puede darle a usted un buen carácter; lo más que puede hacer es incitarlo a que haga decisiones que le ayuden a construirlo. El desarrollo de su carácter como persona está en sus manos y demanda un trabajo duro. James Froude, el historiador británico, dijo: «No basta con que desee tener un buen carácter; tiene que autoforjarlo a martillazos».

Por esta razón, enseñar sobre el desarrollo del carácter es extremadamente difícil. Es mucho más fácil impartir conocimientos y recursos para el liderazgo que enseñar carácter. De todas maneras, vale la pena revisar las diferentes vías que existen para su desarrollo.

El carácter se desarrolla a través de las decisiones diarias

Maxwell dice: «El talento es un don, pero el carácter es una elección».[7] Usted se enfrenta a cientos de decisiones diariamente. Algunas son tan triviales como la ropa que se va a poner o qué almorzará. Pero también hay miles de decisiones diarias que determinan su destino y perfilan su carácter. Se decide a decir la verdad o mentir; reaccionar enojado o pacientemente; perdonar o amargarse la vida. Dios, a través del Espíritu Santo está ansioso por seguir trabajando con su carácter. Usted tiene la capacidad de decidir si se va a someter con obediencia creciente a su voz o si va a ignorar sus sugerencias y tomar su propio camino.

Al reflexionar sobre mi vida recuerdo las veces que he hecho decisiones que han tenido un gran impacto en mi vida. En una ocasión en que estaba haciendo ciertos trabajos de carpintería en la casa de alguien, me fijé que en un árbol cercano había unas hermosas frutas. Después de varios días de mirarlas terminé por probar una. Estaba sabrosa.

Terminé mi trabajo allí y me fui a otro lugar. Casi sin darme cuenta, Dios empezó a traer a mi memoria lo de la fruta y que había tomado sin permiso algo que pertenecía a otra persona. A eso, la Biblia lo llama robar. Empecé una lucha dentro de mí tratando de autoconvencerme con toda clase de argumentos que no valía la pena confesar mi pecado al dueño de la fruta. «Es algo sin importancia» me decía; además, «estoy seguro que el dueño me habría permitido comerla de habérselo pedido».

Después de varios días de lucha interna, decidí ir y confesar lo que había hecho. La angustia que me produjo dar ese paso moldeó mi carácter y erradicó para siempre mi apetito por una fruta robada. Confesar fue una decisión que fortaleció mi carácter. Pude haber decidido seguir el camino fácil, acallar mi conciencia y vivir el resto de mi vida en un estado de mediocridad. Pero yo quería crecer en mi semejanza con Cristo por lo cual estuve dispuesto a pagar el precio de la honestidad y hacer una decisión correcta.

En otras ocasiones, he tenido que decidirme a enfrentar relaciones dañadas en lugar de ignorarlas, admitir pecados de mi lengua a quienes he agraviado y disciplinar mi mente para aprender de la Palabra de Dios cuando pude haber optado por despreocuparme. Todas estas decisiones han ayudado en la formación de mi carácter. Ninguna otra persona pudo haber hecho estas decisiones por mí. Tuve que hacerlas yo. En esta forma, los líderes deben imponerse una autodisciplina que permitirá a Dios moldear su carácter en sus vidas. Como dice Munroe: «Los verdaderos líderes cultivan su carácter con el fertilizante de la autodisciplina».[8]

¿Qué decisiones hizo usted esta semana que fortalecieron su carácter? Aun más importante, ¿qué decisión necesita hacer hoy día para tener mañana un mejor carácter?

El carácter se desarrolla a través de las dificultades

Reconozcámoslo: cuando todo va bien es fácil adoptar las actitudes correctas y hacer las cosas bien. Pero el carácter se desarrolla cuando vamos a través de tiempos difíciles de sufrimiento y pruebas. De hecho, nada revela el carácter como los tiempos de pruebas. Cuando las presiones se apliquen a su vida usted sabrá exactamente quién es. Como el limón, que solo entrega su jugo cuando se lo oprime, usted expondrá su verdadera naturaleza cuando tiempos duros lo quieran estrujar.

Los tiempos difíciles no solo revelan lo que usted realmente es sino que, además, le proveen oportunidades para crecer en carácter. Pablo, escribiendo a los creyentes en Roma, les dice: «Y no solo esto, sino que también nos gloriamos en las tribulaciones, sabiendo que la tribulación produce paciencia; y la paciencia, prueba; y la prueba, esperanza» (Romanos 5.3–4). Sabiendo que Dios puede cambiar las cosas difíciles de la vida en formas que modelarán su carácter, gócese en las tribulaciones. Demasiado a menudo clamamos a Dios para que nos alivie de las circunstancias duras en lugar de pedirle que nos ayude a discernir lo que quiere enseñarnos con tales pruebas. Todos los que pasan tiempos difíciles con Dios verán cómo se perfecciona su carácter.

El carácter se desarrolla a través del tiempo

El carácter sólido no es fruto de un momento sino de toda una vida. El carácter no se recibe por la imposición de manos o por asistir a un seminario de un día. No hay atajos para construir un buen carácter. Se requiere de tiempo.

Cuando Dios quiso entrenar a Moisés, lo llevó al desierto y allí lo mantuvo por cuarenta años. José trabajó por trece años como esclavo antes de estar listo para dirigir a una nación. David pasó años como fugitivo huyendo del rey Saúl antes que Dios considerara que estaba listo para asumir las altas funciones que ejerció. Jesús invirtió tres años modelando las vidas de sus discípulos. Pablo esperó tres años en el desierto antes de que Dios lo usara para dirigir la iglesia.

¿Qué estaba haciendo Dios? Estaba construyendo caracteres. La muerte del egipcio a manos de Moisés demostró que este no estaba listo para guiar al pueblo. El solo hecho de tener un sueño no capacitó a José para ser un líder; necesitaba aprender algunas duras lecciones y hacer decisiones que moldearan correctamente su carácter. Dios se tomó años en enseñar a David a esperar en su tiempo y a someterse incluso a autoridades impías.

> «La reputación se hace en un momento: el carácter se construye a lo largo de toda una vida».

El desarrollo del carácter toma tiempo. Alguien dijo: «La reputación se hace en un momento: el carácter se construye a lo largo de toda una vida». Hay que ser paciente. Y la paciencia se desarrolla a través de un tiempo de espera. Cuando usted, impacientemente, exige que Dios lo perfeccione ¡ya!, está pasando por alto un elemento crucial del carácter: la paciencia.

Por eso, Pablo advirtió a Timoteo: «No impongas con ligereza las manos a ninguno, ni participes en pecados ajenos» (1 Timoteo 5.22). Pablo sabía que promover a alguien a una posición de liderazgo antes que su corazón estuviera listo podría producir resultados desastrosos. Aquí es donde muchos jóvenes fallan. Sienten el llamado y la unción de Dios para el ministerio pero no se dan cuenta que su carácter aún no está completamente desarrollado. En lugar de desalentarse, deberían reconocer la inmadurez de la juventud y concentrarse en desarrollar su carácter mientras son jóvenes.

Para producir un repollo, Dios se toma tres meses; cuando quiere producir un roble, se toma sobre cincuenta años. ¿Qué clase de persona quiere ser usted?

Esta es, entonces, la fórmula para el desarrollo del carácter:

Decisiones correctas + Dificultades + Tiempo = Carácter

¡Bienvenido a la escuela de Dios para desarrollo del carácter!

ASIGNACIÓN PARA LA ACCIÓN

1. Tómese un tiempo a solas para evaluar su vida. ¿Qué fallas en su carácter puede identificar? Haga una lista y propóngase trabajar en ellas.

2. ¿Qué decisiones necesita hacer ahora mismo que robustezcan su carácter?

«Ocúpese de su carácter y su reputación se cuidará sola».

Capítulo 2

EL LÍDER Y EL SERVICIO

En el mundo existe una gran variedad de líderes que ejercen diferentes formas de liderazgo. Algunos tratan de complacer a los demás para lo cual cambian de filosofía cada vez que los vientos de la política soplan en una dirección diferente. Otros buscan su beneficio personal, enriquecerse o hacerse famosos sin preocuparse mayormente de lo que los demás piensen. Hay también los que verdaderamente se preocupan de la gente que está bajo su responsabilidad en tanto que otros fallan lamentablemente en esto. Algunos líderes hablan y se comunican; otros dan órdenes. Algunos están dispuestos a ensuciarse las manos en el trabajo mientras que otros se limitan a observar como otros lo hacen.

Una mirada a los líderes cristianos también revela muchos tipos diferentes. Algunos funcionan como «dictadores compasivos». Hay quienes se dedican a construir sus propios reinitos sin importarles el costo. Otros son auténticos en cuanto a querer satisfacer las necesidades de quienes les siguen. ¿Cuál es la clase de líder que Dios busca? ¿Ejercerá usted su liderazgo como lo hacen algunos en el mundo secular? En este capítulo nos detendremos a considerar la respuesta que Jesús dio la última noche de su ministerio terrenal.

Hubo también entre ellos una disputa sobre quién de ellos sería el mayor. Pero él les dijo: Los reyes de las naciones se enseñorean de ellas, y los que sobre ellas tienen autoridad son llamados bienhechores; mas no así vosotros, sino sea el mayor entre vosotros como el más joven, y el que dirige, como el que sirve. Porque ¿cuál es mayor, el que se sienta a la mesa, o el que sirve? ¿No es el que se sienta a la mesa? Mas yo estoy entre vosotros como el que sirve (Lucas 22.24–27).

Esta conversación tuvo lugar entre Jesús y sus discípulos una tarde de convivencia íntima final entre ellos. Habían andado juntos por tres años. Los discípulos habían visto a Jesús realizar diversos milagros; se habían sentado en primera fila durante todos sus «seminarios» y escuchado cada una de las palabras que había pronunciado. Estaban ansiosos y expectantes sobre algo grande que estaba por ocurrir. El domingo anterior habían sido testigos de cómo todo Jerusalén había gritado «¡Hosanna!» mientras Jesús entraba a la ciudad montado en un asnillo. Jesús mismo les había hablado de acontecimientos que vendrían y los discípulos sentían que su ministerio estaba alcanzado su clímax.

¿Qué esperaban ellos? Los discípulos estaban convencidos que Jesús era el Mesías que habría de reinar sobre el trono de David. Ellos creían, como muchos de sus contemporáneos, que el Mesías derrotaría a los enemigos políticos de Israel y establecería un reino mayor que el del rey David.

Cuando usted entiende sus expectativas es fácil imaginar que los discípulos hayan estado esperando obtener beneficios personales mediante el ascenso de Jesús al poder. Jesús sería rey y todos saben que los reyes necesitan colaboradores que les ayuden a gobernar. Ningún presidente gobierna sin un gabinete ni ningún comandante sin sus generales. ¿Y quienes serían los candidatos naturales por sus posiciones en la administración de Jesús? Los discípulos, por supuesto. No se extrañe, entonces, que mientras se servían su cordero asado su conversación girara en torno a sus futuras posiciones.

Jesús, sin embargo, aprovechó la oportunidad para darles una lección de liderazgo. Primero se refirió al liderazgo en el mundo para luego describir lo que esperaba de sus propios líderes.

Jesús denuncia el liderazgo en el mundo

Él dijo que hay dos formas de liderazgo: Su manera y la manera del mundo o de los «gentiles». Obviamente, él quería que sus discípulos siguieran *su* manera en lugar de la del mundo. Este pasaje de Lucas revela tres características del liderazgo en el mundo.

El liderazgo en el mundo está preocupado por la posición

Los discípulos estaban discutiendo. La Biblia lo pone como si tal discusión nunca hubiera existido y pinta, en cambio, un hermoso cuadro de estos 12 hombres. Sería encomiable pensar que ellos estaban discutiendo acaloradamente sobre la mejor estrategia de alcanzar al mundo para Cristo o tratando puntos teológicos sobre si el bautismo que valía era el que sumergía a la persona hacia delante o hacia atrás. Pero no. Estaban debatiendo sobre cuál de ellos era el más importante. Estaban preocupados en cuanto a quién se sentaría en los asientos ambicionados y dominaría la nueva administración. Cada uno quería convencer a los demás que él era el más digno de ejercer la vicepresidencia del gabinete real. Lo que les preocupaba era la posición.

Imaginémonos lo que decían mientras exponían sus puntos de vista. Quizás el diálogo iba más o menos así:

Pedro (era el que siempre hablaba primero): «No tengo la menor duda que yo seré el más grande. Porque siempre he sido el que ha estado más cerca de Jesús y a quien ha llamado para estar a solas con él muchísimas veces. Recuerden que dijo que yo era la roca sobre la cual construiría su reino; además, ¿quién de ustedes pudo caminar sobre las aguas como lo hice yo?».

Andrés: «Hermano mío, tú eres un gran tipo pero todos sabemos que eres un gran hablador. Quiero hacerte una pregunta: ¿Quién fue el que te presentó a Jesús? ¿Yo, verdad? Estoy seguro que Jesús no va a olvidar lo que hice en aquella ocasión. ¿Te dice eso algo sobre quién es el más grande?».

Mateo (el recolector de impuestos): «Oigan: Ustedes si que están hablando en grande esta noche ¿eh? Es cierto que ustedes se unieron a Jesús antes que yo pero, Andrés, ¿te acuerdas lo que pasó cuando me llamó a mí? Los invité a todos ustedes a mi casa y les ofrecí un banquete en su honor. Sospecho que nunca habían comido tanto como ese día. ¿Quién de ustedes ha honrado a Jesús en la manera que lo hice yo? No dudo que tomando en cuenta mi vasta experiencia y mis grandes recursos, me va a elegir a mí para una alta posición en su administración. Después de todo, ustedes no eran más que unos sencillos pescadores sin educación».

Judas: «Mateo: tú estás hablando como una persona rica. Es cierto que tenías mucho dinero antes que Jesús te llamara pero, te pregunto: ¿Cuánto tienes ahora? Cuando van a salir en una gira evangelística, ¿a quién acuden para que les dé dinero? Todos saben que el que controla el dinero es el más poderoso. ¡Y ese hombre soy yo! ¡Yo seré el más grande!».

Jacobo: «¡Espera un segundo, Judas! Tú puedes controlar el dinero pero eso no te hace el más cercano a Jesús. ¿Recuerdas cuando subió al monte? ¿Te escogió a ti? No. ¡Él me escogió a mí! ¿Podría haber alguna duda que, en su opinión, yo soy el más cercano a él?

Tomás (el incrédulo): «Dudo que ustedes tengan razón. No creo que Jesús esté pensando en ser el rey. Cuando los romanos lleguen con su poderoso ejército, todos nosotros moriremos como unos traidores».

Juan (interrumpiéndolo con cortesía): «Yo no entiendo de qué están hablando. La verdad es que no pensaba decir nada pero es evidente que todos ustedes están equivocados. Jacobo, recuerda que tú no fuiste solo al monte. Yo también fui. Fuimos tú, Pedro y yo a quienes Jesús llamó para que lo acompañáramos. La otra ocasión en que fuimos con él lo vimos resucitar a una muchachita. Quiero que quede claro que nosotros tres somos los que hemos estado más cerca de Jesús. Pero les pregunto: ¿De nosotros tres, cuál es el más importante? Pedro, déjame preguntarte: ¿Cómo me llamó Jesús? ¿Recuerdas? Me dijo que yo era su discípulo amado. ¿A alguno de ustedes lo ha llamado como a mí? ¡Creo que con esto no hay más que decir!».

Esta conversación tuvo lugar durante la Última Cena, inmediatamente antes de la primera Santa Comunión. Es interesante que esta no fue la primera vez que los discípulos discutieron sobre el tema (ver Marcos 9.34). Pero ahora el ambiente estaba electrizante.

Ellos sentían que debían dejar algunas cosas en claro antes que Jesús llegara a ser rey. Y todos querían la posición número uno.

En el ambiente del liderazgo del mundo, la posición lo es todo. ¿Quién está en la cumbre? ¿Quién es el más importante? ¿Quién es el que da las órdenes a los demás? ¿Quién es el número uno y quién el número dos? La posición determina la grandeza. En el mundo de la política, la gente está cambiando continuamente de posiciones, los periódicos pasan días analizando quién está ascendiendo y quién está yendo para abajo, quién se acerca al presidente o quién ha caído en desgracia con él.

El liderazgo del mundo es controlado por el poder

Notemos, entonces, lo que dice Jesús: «Los reyes de las naciones se enseñorean de ellas., y... tienen autoridad...» o «ejercen señorío» (Lucas 22.25). Los líderes mundanos son controlados por el poder y la autoridad. Ellos disfrutan de su liderazgo porque les da poder. Y con sus palabras dan órdenes a otros para que hagan el trabajo.

Cuando contraje matrimonio, disfruté del poder de mi posición. Durante la recepción que siguió a la boda me di cuenta que, si por ejemplo, apetecía una soda, no tenía que sacar dinero de mi billetera e ir a comprarla. Bastaba con que le susurrara a la persona que estaba a mi lado: «¿Me podrías conseguir una soda?» y esa persona desaparecía para aparecer luego con varios tipos de soda; entonces yo podía escoger la que quisiera. Si llamaba al fotógrafo, este venía corriendo. Yo tenía el control de las cosas. El poder estaba en mis manos y debo confesar que me sentía extraordinariamente bien. Afortunadamente, aquello terminó esa misma tarde antes que los humos se me subieran a la cabeza.

En el mundo, los líderes disfrutan tener control y ejercer poder. No valoran a quienes los desafían o los corrigen. Aman ser líderes porque así disponen de poder. Y harán cualquiera cosa por alcanzar las posiciones que les darán poder sobre otros. Viven para dar órdenes. En África, donde viví por trece años, esto se expresa en la «mentalidad de jefe». Cualquiera piensa que puede ser jefe. ¿Cómo se expresa esto mismo en su cultura?

El liderazgo del mundo se consume con prestigio

Jesús dijo que a estas personas se les llama «benefactores» (v. 25, NVI). Un benefactor es alguien que apoya a otros financieramente.

A los líderes del mundo les encanta este adjetivo porque así la gente se da cuenta, los reconoce como tales y respeta sus servicios a la sociedad. Estos líderes se sienten muy bien cuando los demás se inclinan ante ellos. El ser líderes les da prestigio.

El ser líder en el mundo conlleva beneficios y privilegios. Se consiguen los mejores asientos, se conducen los mejores automóviles y se recibe el plato más abundante en los banquetes. Ser líder da prestigio.

Los títulos son una señal de prestigio. A menudo, las personas que ostentan liderazgo son muy celosas en proteger sus títulos. Mientras más grande el título, mejor. Que lo llamen «Venerable gobernador», «Presidente», «el Honorable...», «Directora» o «Señor administrador» infla el ego de cualquiera.

> A menudo, las personas que ostentan liderazgo son muy celosas en proteger sus títulos.

Se cuenta que un día un preso judío trató de dirigirse al presidente de Uganda, Idi Amin Dada. En la forma más respetuosa, comenzó diciéndole: «Señor presidente...» Idi Amin lo interrumpió bruscamente para decirle: «¡Mi nombre es Mariscal de Campo, Dr., Idi Amin, Da Da!». Quería que sus títulos quedaran bien claros.

Hay tres cosas que marcan el liderazgo en el mundo: la posición, el poder y el prestigio. Nótese, sin embargo, lo que Jesús dijo: «Mas no así vosotros» (v. 26). El reino de Jesús tiene criterios diferentes para el liderazgo y un conjunto de leyes y un código de valores distintos.

Con demasiada frecuencia nos encontramos, sin embargo, con que personas escogidas para alguna posición de liderazgo cristiano en lugar de sujetarse a estos parámetros no tardan en adoptar los criterios del mundo. Después de todo, estos estándares les fueron inculcados desde su niñez o en su experiencia con la iglesia por lo que inconscientemente asumen que la posición, el poder y el prestigio son esenciales al liderazgo. Desafortunadamente, entonces, las tres características del liderazgo del mundo a menudo llegan a dominar la iglesia. Piense conmigo un momento.

¿Qué implica la *posición*? Los pastores trabajan duro para ascender en la escala denominacional con la esperanza de ser promovidos a una congregación más grande. Enmarcan y cuelgan en la pared los certificados que indican su estatus. En las reuniones, procuran ocupar una silla lo más cercana posible al obispo. Se fijan cuidadosamente quiénes en la denominación son promovidos y quiénes son degradados para formar alianzas con quienes más conviene.

En la iglesia, los miembros también se disputan las posiciones disponibles. «Yo creo que el comité de damas es más importante que el de jóvenes porque ellas tienen más recursos». «*Yo* soy más importante que el ujier porque soy miembro del concilio de la iglesia». «*Yo* soy el presidente del comité de modo que eso me hace más importante que cualquiera». «¿Se fijaron a quién escogió el pastor para que diera su testimonio?». «El año pasado *yo* fui ujier, este año *yo* soy diácono y es posible que el año que viene *yo* sea uno de los ancianos».

¿Y qué podemos decir del *poder*? A menudo, los pastores esperan que los feligreses los sigan solo por la posición de poder que ostentan. No les gusta que se les contradiga por lo que buscan rodearse de gente a los que en inglés se les conoce como *yes men* o sea, que a todo les dicen que sí sin cuestionar nada.

Los miembros de la congregación no tardan en percibir el poder del liderazgo. «¿Te fijaste cómo respondieron cuando les dije que tenían que dar dinero? ¡Cómo dieron! ¡Eso es tener poder!». «¿Qué pretendes con poner en duda lo que estoy haciendo? ¿No te has dado cuenta que yo soy el presidente de este comité?». «¡Yo soy el que hago las decisiones sobre el dinero y ya dije que dinero no hay!».

¿Y en cuanto al *prestigio*? La gente de la iglesia me dice «Hermano presidente» o «hermano secretario» o «hermano anciano». «La gente me dice "reverendo" y eso me hace sentir muy bien». Y se dan casos en que si alguien no le dice a su pastor «reverendo» la atención que se le brinde pastoralmente no va a ser la mejor.

Muchas iglesias y los propios líderes han venido adoptando títulos nuevos con los que intentan darle una categoría superior a los que los usan.

Sí, pareciera ser que las características del liderazgo del mundo y que Jesús condena se dan con más frecuencia hoy que antes en la vida de nuestras iglesias. ¿Existe este fenómeno en su propio liderazgo? ¿Son, estas características, evidentes en el mundo de los negocios, de las artes y entre el liderazgo educacional? Deje que las palabras de Jesús se entronicen en su corazón: «*Mas no así vosotros*».

Jesús describe el liderazgo cristiano

Después de dejar claro que no quiere que sus líderes sean como los líderes del mundo, Jesús da una descripción positiva de cómo deberían ser.

El liderazgo cristiano no está preocupado por el factor edad

Jesús dijo: «sino sea el mayor entre vosotros como el más joven» (Lucas 22.26). Jesús ve las cosas desde la perspectiva contraria a como la vemos nosotros. Él dice que el «reverendo» o el «director ejecutivo» o el «administrador general» deben ser como el miembro más humilde de la congregación.

En el ambiente de las familias, la persona más anciana es objeto de un respeto especial. En algunas culturas, el hijo mayor posee una autoridad incuestionable; en razón de su edad, puede exigir que se le dé lo que desee. «Trae esto», «Haz esto otro» puede decir. Y se le obedece. De hecho, en algunas culturas una jerarquía no escrita determina la importancia y el poder de acuerdo con la edad. Cualquiera persona mayor puede dar órdenes a otra más joven. Y el joven no tiene derechos y no le puede decir a nadie que haga esto o aquello, salvo, quizás, a las gallinas y al perro de la casa.

Pero Jesús ordena a los líderes que sean como el más joven. Esto implica que hay que armarse de humildad y ponerse en la posición más baja. ¿Recuerda los argumentos de los discípulos sobre cuál era el más grande? Jesús nos llama a no preocuparnos de este detalle. Que nadie se dedique a pensar si es o no el jefe de tal o cual comité. O si es el presidente de los diáconos o el pastor. Usted es un hermano o hermana en Cristo. Cuando se empieza a preocupar por las cuestiones de poder y posición es porque ha perdido de vista el concepto de liderazgo cristiano. Respecto de nombres y títulos, Jesús tuvo algunas palabras bastante duras:

> Pero vosotros no queráis que os llamen Rabí; porque uno es vuestro Maestro, el Cristo, y todos vosotros sois hermanos. Y no llaméis padre vuestro a nadie en la tierra; porque uno es vuestro Padre, el que está en los cielos. Ni seáis llamados maestros; porque uno es vuestro Maestro, el Cristo. El que es el mayor de vosotros, sea

vuestro siervo. Porque el que se enaltece, será humillado, y el que se humilla será enaltecido (Mateo 23.8–12).

En el liderazgo cristiano no hay méritos por edad ni debería haber luchas por alcanzar nombre y títulos.

¿Significa esto que siempre será un error usar títulos o detentar posiciones de liderazgo en la iglesia o en la denominación? Yo no creo que Jesús haya estado y esté contra las posiciones. Lo que él hace es advertir contra ambicionar posiciones. Él reconoce el peligro que se presenta cuando empezamos a usar títulos y nombres especiales. No es malo tener un «pastor» o un «presidente» y llamarlos por lo que son. Es bueno y hasta saludable que los feligreses sean respetuosos y demuestren respeto por sus líderes.

El peligro viene cuando una persona en posición de liderazgo da al título más valor del que tiene y él mismo se cree más importante que los demás por causa de ese título. Toda organización debería mostrar respeto por sus líderes. Pero si el líder, por ejemplo, pregunta: «¿Dónde está la silla correspondiente a mi cargo?» está demostrando no haber entendido lo que Jesús quiso enseñar.

Los discípulos creían que la grandeza estaba conectada con la posición, el poder y el prestigio. Pero Jesús enseñó que, en cambio, la grandeza tiene sus raíces en nuestro carácter.

El liderazgo cristiano se caracteriza por el servicio

Jesús sigue diciendo: «*y el que dirige [debería ser] como el que sirve*» (Lucas 22.26, énfasis añadido del autor). El líder tiene que ser como aquel a quien sirve. Esto es incuestionable. En su ego, usted quisiera que le sirvieran; que otros hagan tareas que le corresponden a usted. Le gustaría sentarse y disfrutar de una comida mientras otros se esfuerzan en la cocina y, después, lavan la vajilla y los cubiertos.

También espera que sean otros los que se preocupen de mantener todo en orden mientras usted se dice: «Yo soy demasiado importante como para ocuparme de esas cosas». Esto se manifiesta más frecuentemente cuando alguien alcanza

> Ser un líder que se preocupe por servir a los demás cambiará la forma en que dirigirá a otros.

ciertas posiciones de liderazgo, entonces empieza a creer que ya está por sobre esos deberes tan domésticos.

Pero Jesús dice que sus líderes deben ser servidores. Ponga atención a lo que él le dice hoy en su condición de líder cristiano. Usted es el que sirve en la organización que dirige. *¡Tú no eres el jefe ni el dictador sino que eres el que sirve a los demás. Si no estás dispuesto a ser eso, no estás calificado para ser un líder cristiano!*

Servir significa *dar*, no *obtener*. Usted lidera para dar a otros, para bendecirles, para edificar sus vidas y fortalecerles no para disfrutar del poder, la posición y el prestigio que viene con el liderazgo. Sin duda que como líder usted tiene influencia y poder; sin embargo, el punto es: *¿En qué forma hará uso de esa influencia y ese poder? ¿Se preocupará de levantar su propio reinito y ensalzar su propio nombre o levantará el reino y exaltará el nombre de Dios?* En 2 Corintios 13.10 Pablo se refiere a su autoridad cuando dice: «la autoridad que el Señor me ha dado [es] para edificación, y no para destrucción». Pablo reconoce que Dios le dio autoridad para edificar a otros y no para su propio beneficio. Usted puede dirigir para dar y edificar las vidas de los demás o puede pensar en su propio provecho y destruir las vidas de otros. Si quiere edificar el reino de Cristo y su nombre, entonces tiene que asumir el papel de siervo. Como dice J. Oswald Sanders:

> La verdadera grandeza, el verdadero liderazgo se fundan en darse en servicio a otros, no en persuadirlos para que le sirvan. El verdadero servicio siempre tiene un costo. A menudo se presenta mediante un doloroso bautismo de sufrimiento, pero el líder verdaderamente espiritual está enfocado en el servicio que puede ofrecer a Dios y a los demás y no en la gratificación que puede obtener de una alta posición o un título por más santo que parezca. Nuestra meta debe ser dar más a la vida que lo que podamos obtener de ella.[1]

Para el mundo, «siervo» y «líder» se contraponen. Jesús, en cambio, dice que debemos ser líderes-siervos ilustrando con su propia vida que tal cosa es posible. *Ser un líder que se preocupe por servir a los demás cambiará la forma en que dirigirá a otros.* Cuando hay un trabajo que se necesita realizar, ¿se limitará a ordenar que otros lo ejecuten o estará dispuesto a hacerlo usted? ¿Está dispuesto a servir a las mesas o espera que otros le sirvan? ¿Está dispuesto a limpiar el piso o asear los baños?

Cuatro características de un siervo

Pensemos un poco sobre lo que Jesús quiso decir cuando habló a sus seguidores sobre la necesidad de ser siervos. ¿Qué caracteriza a un siervo? Afortunadamente en la actualidad poca gente sabe por propia experiencia lo que es ser o tener un esclavo. Pensemos, por lo tanto, mejor en el trabajo más bajo que se pueda conseguir en nuestra cultura y en una persona que ejecute un trabajo que otros desprecian. ¿Qué caracteriza a un siervo?

El siervo reconoce la autoridad

El siervo sabe que no está edificando su propio reino sino ayudando a otro. No replica a la persona en autoridad porque está consciente de la baja posición que ocupa. Sabe, por ejemplo, que al supervisor se le obedece y que si se niega a reconocer su autoridad pronto tendrá que buscarse otro trabajo.

En nuestro liderazgo también necesitamos reconocer la autoridad que está sobre nosotros. No estamos edificando nuestro propio reino sino el de Dios.

El siervo no tiene derechos

El siervo no exige sus derechos porque no los tiene. Existe para hacer la voluntad de su patrón. Los siervos no hacen huelgas. Muchos trabajadores se organizan para ir a una huelga exigiendo mejores salarios o mejores condiciones de trabajo. Pero los siervos, no. ¿Por qué no? Porque no tienen (o no se dan cuenta que los tienen) derechos. Sus quejas raramente son atendidas. Se les dice: «¡Si no te gusta, puedes irte!».

Nosotros no somos líderes para obtener algo de los demás; necesitamos renunciar a nuestros derechos y dedicarnos a servir. ¿Esperamos algo de quienes están bajo nosotros? ¿Nos enojamos cuando no se nos trata con respeto?

El siervo espera un trabajo duro

El siervo no está esperando descansar y sentirse cómodo. Espera trabajar, y trabajar duro. Desde temprano en la mañana hasta entrada la noche el siervo trabaja diligentemente. Jesús dijo:

> ¿Quién de vosotros, teniendo un siervo que ara o apacienta ganado, al volver él del campo, luego le dice: Pasa, siéntate a la mesa? ¿No le dice más bien: Prepárame la cena, cíñete, y sírveme hasta que haya comido y bebido; y después de esto, come y bebe tú? (Lucas 17.7–8).

Nadie solicita un trabajo de siervo esperando que todo le sea fácil. El trabajo de servir es duro y eso es lo que debe esperar un siervo.

Servir como líder es un trabajo DURO. Si usted no está listo para este tipo de trabajo entonces se encuentra en el lugar equivocado.

El siervo no espera que se le reconozca

El siervo no espera que se le agradezca ni que se le aplauda porque hizo un magnífico trabajo. Él simplemente hace lo que tiene que hacer. Jesús continuó su enseñanza sobre servir con estas palabras: «¿Acaso da gracias al siervo porque hizo lo que se le había mandado? Pienso que no. Así también vosotros, cuando hayáis hecho todo lo que os ha sido ordenado, decid: Siervos inútiles somos, pues lo que debíamos hacer, hicimos» (Lucas 17.9–10).

¿Decimos «gracias» al final del día a aquellos que nos han servido? Casi nunca. Los siervos trabajan duro sin esperar ningún tipo de reconocimiento.

¿Cómo reacciona usted cuando no le reconocen lo que ha hecho? ¿Está dispuesto a seguir trabajando aun cuando nadie pareciera percatarse de ello?

Piense en cómo se aplican al liderazgo de servicio estas cuatro características. Si usted dirige siguiendo las instrucciones dadas por Jesús, tendrá que reconocer la autoridad del Señor sobre usted. No va a exigir sus derechos ni va a tratar de conseguir mejores beneficios o una mejor forma en que lo traten. Reconocerá que ser líder demanda un trabajo duro y, como resultado, estará siempre dispuesto a trabajar más tiempo y más duro que los demás. No esperará ningún tipo de reconocimiento.

Examine su vida para ver si realmente refleja la función de siervo.

Obstáculos para ser un líder-siervo

Si usted es como yo soy, se va a dar cuenta que ser un servidor no es fácil. De hecho, *todos queremos tener a alguien que nos sirva pero nadie quiere ser un servidor*. ¿Qué nos impide dirigir a otros como siervos?

El orgullo impide ser líderes-siervos

Probablemente sea el orgullo el mayor impedimento para que un líder actúe como siervo. Es fácil despreciar las posiciones de bajo nivel. Todos queremos ser jefes. Nos gusta el reconocimiento. El poder nos hace sentir bien. Los títulos alimentan nuestro ego. Nos encanta cuando hay personas que nos sirven. Pero el orgullo en la vida de un líder cristiano no puede funcionar. «*Dios resiste a los soberbios, y da gracia a los humildes*» (**1 Pedro 5.5–6**). Después de la argumentación de Pedro en el aposento alto pareciera que aprendió la lección tan bien que llegó a afirmar que cuando nos llenamos de orgullo hasta Dios se opone. No hay duda que los líderes son más tentados que sus seguidores y están más expuestos a caer víctimas del orgullo cuando se esfuerzan por llegar a altas posiciones y son ayudados por la gente. Debemos pedirle a Dios que se encargue de desactivar nuestro orgullo natural.

La inseguridad impide ser líderes-siervos

La inseguridad es uno de los más grandes impedimentos del líder-siervo. Una persona insegura no puede recibir críticas. No puede inclinarse demasiado por temor a lo que dirán los demás. No puede permitir que lo llamen sin mencionar sus títulos debido a que no está seguro de su habilidad de liderazgo y se afirma en el título para reforzar su posición. Cree que mostrarse como siervo de los demás va a rebajar su autoridad. Pero si usted encuentra difícil ser un siervo, revise las señales de inseguridad en su vida.

Es interesante que justo antes que Jesús se humillara para lavar los pies de sus discípulos, la Biblia dice que «*sabiendo Jesús que el Padre le había dado todas las cosas en las manos, y que había salido de Dios, y a Dios iba, se levantó...*» (**Juan 13.3–4**). Jesús estaba seguro de su *poder*, de su *origen*, y de su *destino*. No tenía necesidad de probar nada por eso se humilló y les lavó los pies.

La falta de modelos impide ser líderes-siervos

La falta de ejemplos positivos de liderazgo también estorba nuestra habilidad para ser líderes-siervos. No son muchas las personas que han crecido bajo un líder-siervo, ni son muchos los que han seguido u observado un ejemplo de carne y huesos. Esto es especialmente cierto en algunas partes del mundo donde la iglesia es aun joven. Ngiwiza Mnkandla, un pastor de África del Sur, dijo: «Los líderes africanos son como los leones viejos que matan a los machos jóvenes para proteger su supremacía».[2] He oído historias similares de la India y otras partes de Asia a la vez que he tenido que reconocer que incluso en el mundo occidental no pocas veces se han comprobado malos ejemplos de líderes-siervos.

Aunque la falta de modelos hace difícil la función de líder-siervo no lo hace imposible. Jesús sigue siendo el modelo supremo. Observe su ejemplo y empiece a modelar su liderazgo por el de él. Al hacerlo, estará proveyendo un ejemplo para una nueva generación de líderes que sabrán servir. Libérese de las ataduras de su pasado y comprométase a obedecer en todo el ejemplo de Jesús.

> «Los líderes africanos son como los leones viejos que matan a los leones jóvenes para proteger su supremacía».

El ejemplo de líder-siervo: Jesús

Jesús es el modelo perfecto. Fue el más grande líder que el mundo haya conocido jamás; sin embargo, vino como siervo. Él dijo: «*Yo estoy entre vosotros como el que sirve*» (Lucas 22.27). ¡Qué afirmación para el Rey de reyes y Señor de señores!

En Juan 13 encontramos un ejemplo de la calidad de líder-siervo de Jesús. Imaginémonos la escena en el aposento alto la última noche que Jesús estuvo con sus discípulos. A medida que estos iban entrando al aposento, sus pies polvorientos y sucios seguramente buscaban con la mirada al siervo que se encargaría de sus necesidades. Pero no había siervo preparado con agua y una toalla. Pedro y Juan habían preparado cuidadosamente el salón. La comida estaba lista. El agua y la toalla estaban en su sitio, junto a la puerta de entrada. Pero se habían olvidado del siervo.

Mientras los discípulos llenaban el cuarto, Jesús se daba cuenta de la falta de un siervo. Podía oler sus pies y los de los demás y pensó que no se podían sentar a la mesa con los pies sucios. ¿Pero quién tomaría el lugar de siervo? Ni pensar que fuera Pedro, que se consideraba el más importante de todos los discípulos. Cada discípulo tendría sin duda una razón para no ofrecerse, de modo que él caminó en silencio hasta donde estaba el agua y la toalla. ¿Quién les lavaría los pies? ¿Dónde estaba el siervo? ¿Quién se humillaría lo suficiente como para servir a los demás?

Jesús miró a cada uno de sus discípulos viendo lo que ocurría. Él, más que todos los demás, tenía razones suficientes como para sentarse y esperar que lo atendieran. Él era el maestro, el profesor, el líder. Pero se levantó y se dirigió hasta donde estaba el lavatorio.

Sin duda que la discusión que se estaba desarrollando en la mesa sobre cuál de ellos era el más grande de pronto quedó interrumpida cuando los discípulos se dieron cuenta de lo que iba a ocurrir. Jesús caminaba resueltamente hacia donde estaba el lavatorio con agua. Se quedaron estupefactos cuando vieron que se despojaba de su túnica, se ceñía la toalla alrededor de la cintura, tomaba el lavatorio con agua y se dirigía a sus discípulos.

Un silencio embarazoso tiene que haber llenado el salón. Comida a medio masticar permanecía en las bocas. Aunque cada discípulo tenía sus razones para no ser el siervo, se daban cuenta que lo que estaban viendo era completamente inapropiado. Cualquiera de ellos pudo haber hecho eso, pero no Jesús. Él era el jefe, su líder. Era el hombre de Dios ungido para obrar milagros. Pedro trató de rehusarse pero ya era demasiado tarde. Imagínese cómo se habrán sentido cuando el líder más grande del mundo se inclinó para lavarles los pies. El impacto de esa lección nunca los abandonaría, más bien cada día se profundizaría en sus espíritus.

Al lavarles los pies, Jesús estableció un ejemplo que todos los líderes deberían seguir. Según Marcos 10.45 va un poco más allá cuando dice: «*Porque el Hijo del Hombre no vino para ser servido, sino para servir, y para dar su vida en rescate por muchos*». Jesús no exigió que le sirvieran sino que él sirvió y espera que nosotros hagamos lo mismo. Sin duda que ninguno de nosotros es más grande que él.

Muchos quieren servir a Jesús pero se resisten a servir a otros. Sin embargo, la grandeza de nuestra capacidad de liderazgo se mide por nuestra disposición de servir a aquellos que trabajan bajo nuestra responsabilidad. Rick Renner dice: «Si nosotros tenemos la más grande unción, eso significa que hemos sido ungidos grandemente para servir. Esa es la razón por la que Dios da su Espíritu para que nos capacite y no para andar por ahí haciendo alarde de sus magníficas revelaciones».[3] Quizás esta sea la razón para que la palabra líder no se use con frecuencia en la Escritura. Sanders dice: «En la versión King James el término líder aparece únicamente seis veces. Con más frecuencia se usa el término siervo. En ninguna parte leemos de "Moisés, mi líder" pero sí de "Moisés, mi siervo". Y esto es, exactamente, lo que Jesús enseñó».[4]

En el reino natural pareciera que una persona que sirve a los demás está en desventaja, pierde respeto y, por lo tanto, nunca llegará a ser una gran persona. *Pero en el reino de Dios, los grandes líderes son los líderes-siervos*. Cristo se humilló a sí mismo y se hizo siervo. Por tal razón, Pablo escribe: «*Por lo cual Dios también le exaltó hasta lo sumo, y le dio un nombre que es sobre todo nombre, para que en el nombre de Jesús se doble toda rodilla... y toda lengua confiese que Jesucristo es el Señor, para gloria de Dios Padre*» (Filipenses 2.9–11). En forma clara vemos que, al llegar a ser siervo, Jesús recibió posición, poder y prestigio.

Vea el consejo que se le dio al rey Roboam cuando estaba decidiendo qué clase de líder sería: «*Si tú fueses hoy siervo de este pueblo y lo sirvieres, y respondiéndoles buenas palabras les hablares, ellos te servirán para siempre*» (1 Reyes 12.7, cursivas del autor).

Este sabio consejo reconocía que servir a aquellos a quienes se dirige produce lealtad y respeto. Desafortunadamente, Roboam siguió el estilo del mundo rehusando servir y, como consecuencia, perdió su reino.

Pedro aprendió muy bien esta lección y más tarde en su vida escribió: «Humillaos, pues, bajo la poderosa mano de Dios, para que él os exalte cuando fuere tiempo» (1 Pedro 5.6). Sirva a los demás. Ellos lo amarán por eso y Dios lo exaltará en su debido tiempo. *En el reino de Dios el verdadero poder para influir viene cuando servimos.*

¿Qué clase de líder es usted? ¿Dirige como el mundo o cual Jesús? ¿Es usted un siervo o un patrón? Cierre este libro y busque un encuentro a solas con Dios. Deje que él trabaje en su corazón. Donde usted haya fallado, confiéselo a él y pídale que le dé el corazón de siervo de Jesús.

Porque nosotros los hijos de Adán queremos ser grandes,
Él se hizo pequeño.
Porque nosotros no nos humillamos,
Él se humilló a sí mismo.
Porque nosotros queremos mandar,
Él vino a servir.
   —J. Oswald Sanders[5]

ASIGNACIÓN PARA LA ACCIÓN
Lucas 22.24–27

Conteste las siguientes preguntas lo más sinceramente que pueda.

1. Clasifíquese en el área del servicio. Ponga una X en el espacio de la afirmación que mejor lo describa a usted.

_____   Nunca dirijo como un siervo
_____   De vez en cuando dirijo como un siervo
_____   Regularmente dirijo como un siervo
_____   Siempre dirijo como un siervo

2. Piense en las tres áreas que Jesús denunció: posición, poder y prestigio.

¿En cuál de estas tres áreas es más tentado personalmente? _____
(No responda «en ninguna» porque siempre será tentado en a lo menos una de ellas.)

Dé un ejemplo de cómo es tentado en esa área.

3. ¿En cuáles áreas específicas del liderazgo encuentra usted más difícil servir a los demás? (Por ejemplo, haciendo tareas despreciables para ellos, esperando reconocimientos, dando de su tiempo, etc.)

4. Analice los tres impedimentos para servir (orgullo, inseguridad, falta de modelos). ¿Cuál de los tres le afecta más en su liderazgo?

5. Lea Juan 13. Marque aquí cuando usted lo haya hecho _____. ¿Qué razones para *no* lavar los pies pudo haber dado Jesús?

¿De qué manera el ejemplo de Jesús es un reto para usted?

6. Describa un paso específico que se haya decidido a dar como resultado de esta lección.

Capítulo 3

EL LÍDER Y EL
QUEBRANTAMIENTO

Un vaso se cae al piso y se rompe en mil pedazos. Basta eso para que quede inservible y sea tirado al basurero. En el mundo natural algo que se quiebra pierde de inmediato buena parte de su valor si no todo.

Pero en nuestras vidas espirituales, ocurre lo contrario. Mientras más quebrantados estemos más útiles seremos en el reino. Los líderes quebrantados operan mucho más efectivamente que cualesquiera otros.

¿Qué es, exactamente, el quebrantamiento? *Es una rendición absoluta al liderazgo de Jesucristo, dejando que su autoridad sea suprema.* Significa, por un lado, la muerte de mi naturaleza egoísta, esta naturaleza que insiste en que haga las cosas a mi manera y por otro, la aceptación de la manera de Cristo como la mejor. De hecho, el término bíblico para lo que yo denomino quebrantamiento es *muerte*. Nadie, sin embargo, querría leer un capítulo que se titulara «El líder y la muerte», por eso he usado la expresión quebrantamiento. Lucas registra la enseñanza de Jesús sobre el quebrantamiento con las siguientes palabras:

> Y decía a todos: Si alguno quiere venir en pos de mí, niéguese a sí mismo, tome su cruz cada día, y sígame. Porque todo el que quiera salvar su vida, la perderá; y todo el que pierda su vida por causa de mí, éste la

salvará. Pues ¿qué aprovecha el hombre, si gana todo el mundo, y se destruye o se pierde a sí mismo? Porque el que se avergonzare de mí y de mis palabras, de éste se avergonzará el Hijo del Hombre cuando venga en su gloria, y en la del Padre, y de los santos ángeles (Lucas 9.23–26).

La expectativa del quebrantamiento

En este pasaje, Jesús se está refiriendo a una experiencia cristiana profunda que pocos de sus seguidores estarían dispuestos a considerar. Habla de una vida de total rendición a su señorío, un renunciar a todo lo más querido que podamos tener: un sacrificio de la propia vida.

Su enseñanza es tan radical que a menudo pensamos que está dirigida solo a un grupo selecto de sus seguidores. Pero su mensaje está dirigido a todos nosotros. Dice: «A *todos*» y luego agrega: «Si *alguno* quiere venir en pos de mí» y «*el que quiera*». Es claro que no se está dirigiendo a un grupo selecto de personas, sino a todos sus discípulos. Está hablando a todo el que desee seguirle. Espera que cada discípulo experimente este quebrantamiento con él. Jesús sabía que esta enseñanza no sería popular; por lo tanto, no esperaba un gran «amén» de parte de sus discípulos después de haber dicho que se negaran a ellos mismos y que perdieran su vida por causa de él. Pero no se retractó por haber expresado sus expectativas con tanta claridad. Si usted no quiere ver en este pasaje el mandato de Cristo, entonces se está haciendo culpable de un discipulado barato.

Supongo que se sentiría menos amenazado al oír de parte de Jesús el llamado a «id por todo el mundo y predicad el evangelio a toda criatura» que cuando el llamado es a quebrantarse, a morir al yo y a dar su vida por su causa. Su carne se resistirá; sin embargo, la demanda de Cristo se mantiene. ¿Aceptará o rechazará sus condiciones?

La experiencia del quebrantamiento

Vamos a ir un poco más profundo en la enseñanza de Jesús. ¿Qué realmente quiere decir cuando habla de quebrantamiento y de muerte? ¿Cómo va a experimentar usted esto en su propia vida?

El quebrantamiento exige que haya muerte

La primera cosa que Jesús nos enseña es que el quebrantamiento exige que haya muerte. Él dice: «Toma tu cruz». En la sociedad moderna sabemos poco sobre la cruz. Las únicas cruces que vemos son los símbolos religiosos en pinturas o en joyas colgando del cuello. Deberíamos entender que en este versículo Jesús usa la cruz como un símbolo de sufrimiento. Muchas personas cuando están pasando por penas y sufrimientos extremos, suelen decir: «Es mi cruz».

Pero los discípulos entendían perfectamente a qué se estaba refiriendo. Sabían que la cruz solo sirve a un propósito: MUERTE. Es cierto que se está hablando de sufrimiento extremo, pero la muerte era la razón final para que se procediera a colgar a alguien en una cruz. *La cruz es un instrumento de muerte.* Por eso es que

> ¡Si realmente quiere ser un discípulo de Jesús, tendrá que morir!

Jesús dice que si usted de verdad quiere ser su discípulo, tendrá que morir. El quebrantamiento y la rendición total a su señorío requieren la muerte.

El quebrantamiento tiene que ver con el ego

¿Qué es, exactamente, lo que tiene que morir en nosotros? Obviamente, Jesús no está hablando de una muerte física. Él quiere que sigamos viviendo para él. Lo que Jesús está queriendo decir es que el que tiene que morir en nosotros es el *ego*, el *yo*. El verdadero discípulo de Jesús se niega «*a sí mismo*» y renuncia a su «*yo*».

Pero ¿qué es el *yo*? En ocasiones, la Escritura se refiere al yo como la «carne». No la carne física sino esa parte de mí que desea controlar mi propia vida. La esencia del pecado es el yo o el deseo de tener el control. El profeta Isaías lo entendió cuando dijo: «Todos nosotros nos descarriamos como ovejas, *cada cual se apartó por su camino*; mas Jehová cargó en él el pecado de todos nosotros» (Isaías 53.6, las cursivas son del autor). Roy Hession dice que el centro del «sIn» es una gran «I».[1] Es el yo, que dice «no» a Dios cuando él me dice que perdone. Es el yo el que ofrece justificación por el pecado en mi vida o trata de ocultarlo. Es el yo que rehúsa ser amable con otro hermano o hermana prefiriendo las apariencias que el verdadero compañerismo. El yo se rebela contra Dios y justifica mis acciones y actitudes. El yo cree en mi propia superioridad, cree que mi iglesia, mi organización, mi cultura, mi teología es lo mejor. El yo usa la posición de liderazgo para beneficio personal; menosprecia la justicia en los demás y condena el pecado en sus vidas. Es el yo el que rechaza la corrección y se niega a aceptar sus faltas. El yo exige sus «derechos» y no se doblegará ante nadie.

A menudo, hay cristianos que dicen cosas como estas: «Exactamente, así soy yo», «Lo siento, pero no puede amar a esa persona», «No la puedo perdonar», «No puedo dejar de sentir rabia porque, después de todo, lo que me hizo esa persona no tiene nombre», «No puedo ir y participar con ese hermano», «No puedo saludar a fulanito o a fulanita», «No me puedo someter a ese hombre; lo que pasa es que ustedes no conocen a mi esposo». *Estas y muchas otras afirmaciones son producidas por el yo.* Jesús dice que tu yo debe quebrantarse. Morir. Que debe tomar su cruz, morir al yo y dejar que él, Jesús, controle su vida. Debe rendirse, hacer morir el espíritu combativo que hay en usted. ¡Con qué rapidez se defiende, se justifica por actitudes equivocadas y acusa o culpa a otros de sus errores! *¡Jesús dice que el yo debe morir!* ¡Si quiere que Jesús llene completamente su vida, su yo debe morir completamente!

Usted experimentará la vida cristiana abundante solo a través de esta muerte. Muchos creyentes se debaten innecesariamente en sus vidas cristianas diciendo exteriormente: «Gloria al Señor» pero dejando interiormente que el yo los controle.

La mayor parte del tiempo preferimos llamar a estas manifestaciones del yo de cualquiera manera menos pecado. Tenemos mejores nombres como «pequeños problemas», «asuntos sin importancia» o justificaciones tales como «¡qué le vamos a hacer si así soy yo!». Pero la verdad es que estamos viviendo con envidias, orgullos, amarguras, palabras inadecuadas, rabia, falta de perdón, celos. Tenemos que aprender a reconocer las manifestaciones del *yo* y a llamarlas por su nombre: *pecados*.

En su carta a los Gálatas, Pablo se refiere a las expresiones de la naturaleza pecadora:

Y manifiestas son las obras de la carne, que son: adulterio, fornicación, inmundicia, lascivia, idolatría, hechicerías, enemistades, pleitos, celos, iras, contiendas, disensiones, herejías, envidias, homicidios, borracheras, orgías, y cosas semejantes a estas; acerca de las cuales os amonesto, como ya os lo he dicho antes, que los que practican tales cosas no heredarán el reino de Dios (Gálatas 5.19–21).

Pablo dirigió esta lista de pecados a los creyentes y sirve como un fuerte desafío, demandando que usted examine su vida y evalúe con honestidad si está produciendo algunos de los frutos de la carne enumerados arriba.

Necesita identificar el pecado en su vida antes que pueda disfrutar de la solución. Jesús no le ofrece cura para sus «pequeños problemas» sino que le ofrece cura del *pecado*. La sangre de Cristo lo limpia de su pecado si lo confiesa. Yo oro porque haya un avivamiento de confesión de pecados para que todos seamos purificados y lavados por la sangre de Jesús, que nuestro orgullo sea quebrantado, que el yo en nosotros muera en la cruz y que la vida de Jesús viva en nosotros en una manera nueva.

Esto sería un verdadero avivamiento. Los avivamientos no se producen mediante un derramamiento mágico del poder de Dios sino como fruto del quebrantamiento y el sometimiento de nuestros corazones y vidas; cuando usted y yo damos lugar a Dios y, como resultado, recibimos su poder. Nos preguntamos por qué Dios espera tanto para responder a nuestras oraciones. Creo que es porque nos hemos tornado complacientes con el pecado. Hemos excusado las relaciones quebrantadas. Hemos insistido en que estamos bien, pero con esta actitud estamos matando la vida de la iglesia. Deberíamos dejar de orar por un avivamiento y en su lugar pedirle a Dios que nos quebrante. *Solo entonces* experimentaremos un avivamiento.

Pablo habló de un hombre quebrantado cuando dijo: «Con Cristo estoy juntamente crucificado, y ya no vivo yo, mas vive Cristo en mí; y lo que ahora vivo en la carne, lo vivo en la fe del Hijo de Dios, el cual me amó y se entregó a sí mismo por mí» (Gálatas 2.20). Además, en Gálatas 5.24, nos dice: «Pero los que son de Cristo han crucificado la carne con sus pasiones y deseos».

Hay muchos que no están dispuestos a pagar el precio por esta clase de avivamiento. Pero si usted espera ver el reino de Dios sobre la tierra deberá estar dispuesto a llevar su cruz, dejar a un lado sus resentimientos, perdonar a su hermano o a su hermana; debe ir a quien deba ir y decirle: «Te ruego que me perdones por haber hablado mal de ti». Esto es avivamiento y te demandará todo. Juan dice que solo cuando usted «anda en la luz» podrá tener compañerismo con Dios y con sus hermanos y hermanas (1 Juan 1.6–7). No podrá tener comunión con Dios mientras está enojado con su prójimo.

El quebrantamiento exige una acción todos los días

Un quebrantamiento o muerte inicial ocurre cuando usted rinde su vida a Cristo. Pero lo más probable es que aun conserve algunas áreas que no se quieren doblegar y debido a que el quebrantamiento es un proceso diario, podrá vivir potencialmente habiendo rendido solo en forma parcial su vida.

Jesús le manda a que tome su cruz «diariamente» y lo siga (Lucas 9.23). Usted estará enfrentando cada día pruebas para hacer morir su yo. Estas pruebas no se presentarán cuando lea su Biblia sino cuando interactúe con las demás personas. Dios usa a otros seres humanos para probar su quebrantamiento. Puede que use a su jefe gruñón, a un compañero de trabajo desagradable, palabras inconvenientes dichas por su cónyuge o que llegue a sus oídos que alguien está hablando mal de usted. La forma en que reaccione a estas situaciones revelará si continúa andando en quebrantamiento de su yo, o no. Actitudes defensivas, enojo, sentirse maltratado, autocompasión y echarles la culpa a otros todo eso indica que sigue enfocado en su yo.

Esta vida profunda de muerte es algo que tiene que decidirse diariamente. Si mañana me enojo con mi cónyuge y me niego a reconocer mi pecado, no tendré plenamente a Jesús mientras no me arrepienta.

Es fácil convencerse que el atropello que otra persona ha hecho de sus derechos justifica su ira y su amargura. Pero no es así. *Dios no demandará de usted lo que otros le hagan sino que lo hará responsable por la forma en que usted reaccione a lo que otros le hagan.* En lugar de ver a los demás como sus enemigos empiece a verlos como agentes de Dios para probar su quebrantamiento.

El efecto del quebrantamiento

El quebrantamiento revolucionará completamente su vida. Permitirá que Cristo trabaje en y a través de usted. Watchman Nee, en su obra clásica *La liberación del Espíritu* dice que cuando el yo se quebranta, se libera el Espíritu. Compara al yo con una coraza que cubre al Espíritu de Dios. Mientras esa coraza permanece ahí, el Espíritu está preso pero cuando el yo se quebranta el Espíritu se libera.[2]

Jesús demostró quebrantamiento tanto en su vida como en su muerte. Sufrió gran difamación pero no se enojó. La gente le manifestó odio pero él no odió a nadie. Aun cuando se sentía cansado, no perdía la calma. La gente no entendió o mal entendió sus palabras pero él rehusó autodefenderse. Aceptó en silencio las acusaciones falsas. Diariamente sometió su vida a la voluntad de Dios y, como resultado, recibió continuamente poder de su Padre.

La cruz, por supuesto, mostró en forma absolutamente clara la muerte del yo en Jesús. Aunque ni deseaba ni merecía la muerte, se sometió en el Huerto de Getsemaní orando: «No se haga mi voluntad, sino la tuya» (Lucas 22.42). De igual forma, él nos llama a imitarle. Quebrantándonos por él así como él se quebrantó por nosotros.

> **El quebrantamiento libera a Cristo en nosotros.**

Quebrantamiento en el hogar

El lugar más difícil para practicar el quebrantamiento es el hogar, donde se expone con mayor claridad la verdadera naturaleza. En el hogar nos quitamos la «máscara» de amabilidad. En el hogar se manifiesta el verdadero yo, a menudo en formas poco agradables. ¿Le gustaría tener a Jesús por diez días como un observador de su comportamiento en el hogar? No creo que le guste la idea.

Cuando usted vive su vida quebrantada en el hogar no le será difícil admitir sus errores. Podrá confesar sinceramente: «Lo siento. Estaba equivocado. Por favor, perdóname». También sabrá cómo corregir con amabilidad a otros. Muchas veces, las palabras duras de corrección hacia los hijos o el cónyuge dan a conocer pecados no confesados en su vida. Cuando vive un quebrantamiento genuino, hablará con amor y disciplinará con amor.

Además, cuando viva su quebrantamiento estará dispuesto a ceder sus «derechos». Quizás piense que se merece un tiempo apacible al final del día. Un esposo puede sentir que tiene «derecho» a tener su cena cada día a la misma hora, o que se le obedezca sin objeción aun cuando sus órdenes sean ridículas. Una esposa puede sentir que está en su «derecho» ser amada y valorada o disponer de libertad para organizar su propia vida. Todos estos «derechos» crean conflictos en los hogares cristianos. Debemos recordar que como siervos, no tenemos «derechos». En el verdadero quebrantamiento, los «derechos» se ceden a Dios mientras se aprende a vivir en paz aun cuando aquellos «derechos» no sean satisfechos.

El quebrantamiento en el liderazgo

El quebrantamiento también afecta en gran manera su liderazgo. Lo capacita para aceptar las críticas sin tratar de justificarse. A menudo, el liderazgo provoca críticas por la sencilla razón que un líder no puede complacer a todo el mundo. ¿Cómo reacciona usted a las críticas? Un líder que no ha experimentado el quebrantamiento se molesta y se apresura a defenderse y con frecuencia hace uso de su poder para acallar las voces opositoras. Un líder quebrantado, en cambio, escuchará atentamente las críticas y pensará al respecto antes de responder. Al tratarse de una crítica legítima, se preocupará por cambiar y agradecerá a la persona que lo ha criticado. Cuando la crítica no se justifique, él seguirá desarrollando su agenda a la vez que expresará amor a la persona que lo critica.

El líder quebrantado no piensa demasiado alto de sí mismo. Aunque como líder puede ser extremadamente capaz, su quebrantamiento le permitirá seguir dependiendo de Dios. Reconoce que necesita tanto a Dios como a las otras personas para que le ayuden a desempeñar su liderazgo con eficiencia.

Un líder quebrantado no tendrá miedo de exaltar y promover a otros. Debido a que entiende que su misión es extender el reino de Dios y no el suyo propio, se goza con los triunfos de otras personas aun cuando lo sobrepasen en su éxito.

Un líder quebrantado es transparente a los ojos de los demás. No se esconde tras muros de apariencia ni actúa como un «supersanto» que ni siquiera piensa en cometer pecado. Es amable con los que luchan porque él reconoce las suyas. No mira con desprecio a los demás sino que camina junto a ellos en actitud de humildad. Aun cuando su posición le exija tomar medidas disciplinarias, lo hace con amabilidad y amor.

Un líder quebrantado sirve a los demás. Y puede hacerlo sin reserva porque el orgullo y su yo han sido puestos en su sitio. El líder quebrantado está seguro de quién él es, lo que le evita estar pugnando por posiciones o por tratar de impresionar a otros. Jesús demostró esto antes de agacharse a lavar los pies de sus discípulos. Pudo servirles porque sabía quién era él y a qué lo había llamado su Padre. Había muerto a su propia agenda y ambiciones.

El mundo necesita esta clase de líderes. Nuestros hogares necesitan esta suerte de personas. La iglesia está esperando a hombres y mujeres que puedan ser ejemplo de obediencia al mandato de Jesús de «morir diariamente». Su escuela o su negocio claman por un líder quebrantado. ¿Está usted dispuesto a morir hoy día? ¿Está dispuesto a renunciar a las características del ego que aún permanecen en su vida? ¿Está usted dispuesto a decir: «Señor, necesito que me limpies. Todavía hay en mí una gran cantidad de ego. Lo veo en mi actitud hacia los demás, en la forma como reacciono ante la autoridad y en cómo respondo a mi cónyuge»?

¡Adelante! ¡Hágalo ya! Deje que Cristo lo quebrante y desactive su ego. Entonces, y solo entonces se podrá ver a Jesús plenamente a través de usted. Pase un tiempo a solas con Dios. Reflexione con una actitud de oración en la enseñanza que ha encontrado en este capítulo. Complete la asignación y ábrase al trabajo que Dios quiere hacer en su corazón. Observe la diferencia entre personas orgullosas y personas quebrantadas. Sea veraz al contestar la afirmación en cada línea en la forma que mejor lo describa ahora. Ruego a Dios para que lo traiga a un quebrantamiento personal de modo que pueda usarlo plenamente en su obra.

ASIGNACIÓN PARA LA ACCIÓN

1. ¿Podría decir usted que ha tenido un «punto de quebrantamiento» en su vida?

   Si la respuesta es sí, describa brevemente lo que ocurrió y cómo impactó su vida y liderazgo. Si la respuesta es no, ¿qué ha impedido que ocurra?

2. Reflexione sobre el siguiente versículo bíblico antes de responder a la pregunta que sigue:
   Con Cristo estoy juntamente crucificado, y ya no vivo yo, mas vive Cristo en mí; y lo que ahora vivo en la carne, lo vivo en la fe del Hijo de Dios, el cual me amó y se entregó a sí mismo por mí (Gálatas 2.20).

   ¿Qué significa estar «crucificado con Cristo»?

   ¿En qué forma ha experimentado usted este versículo en su propia vida?

   ¿Qué cosas prácticas podría hacer usted para que su vida sea más como este versículo?

3. Lea con mucha calma la siguiente cita bíblica:
   Y manifiestas son las obras de la carne, que son: adulterio, fornicación, inmundicia, lascivia, idolatría, hechicerías, enemistades, pleitos, celos, iras, contiendas, disensiones, herejías, envidias,

homicidios, borracheras, orgías, y cosas semejantes a estas (Gálatas 5.19–21).

Reflexione en la lista de las obras de la carne. Encierre en un círculo aquellas que se están dando al presente en su congregación.

Piense ahora en su propia vida. ¿Cuáles de la lista están presentes en su vida?

4. Deténgase ahora en el documento a continuación, «¿Orgullosos o quebrantados?» que le ofrece veintiocho diferencias entre una persona orgullosa y una quebrantada. En cada línea, haga una marca en la que más exactamente describa su vida. Después de haber finalizado, tómese unos diez minutos para reflexionar y orar pidiéndole a Dios que perfeccione su vida en las áreas en las que le ha venido hablando. Luego, registre cualquier aspecto importante que haya encontrado en relación con su vida, notando especialmente cómo esas áreas impactan en su liderazgo.

¿ORGULLOSOS O QUEBRANTADOS?

Grace4Life © 2006 London UK por John Wade Long, Jr.
Reproducido con permiso.

Aun una mirada superficial a la historia de la iglesia permitirá ver la chispa que ha encendido el fuego del avivamiento en los corazones, hogares e iglesias del pueblo de Dios: *Quebrantamiento evangélico*. Los cristianos están muy conscientes que a la vez que son grandes pecadores tienen un Gran Salvador. Y este quebrantamiento invariablemente se ha manifestado en una cierta manera —en la confesión personal de pecados— privadamente a Dios y públicamente a los demás. Sin duda, cuando este espíritu de humillación falta, el evangelio no pasa de ser una solución imaginaria para el problema imaginario del pecado cometido por pecadores imaginarios. Examine honestamente su corazón y pregúntese: *¿Soy yo un orgulloso o un quebrantado?*

LOS ORGULLOSOS...	LOS QUEBRANTADOS...
Salmos 138.6: Porque Jehová es excelso, y atiende al humilde, mas al altivo mira de lejos. **1 Pedro 5.5:** Revestíos de humildad; porque: Dios resiste a los soberbios, y da gracia a los humildes.	**Salmos 52.16, 17:** Porque no quieres sacrificio, que yo lo daría... Los sacrificios de Dios son el espíritu quebrantado; al corazón contrito y humillado no despreciarás tú, oh Dios.
Se sienten como pequeños pecadores; están ocupadísimos corrigiendo las faltas y fallos de otros	1 **Se sienten** como grandes pecadores; se preocupan de corregir sus propias faltas y fallos
Son autojustificantes y tienen un espíritu de crítica y reproche	2 **Son** compasivos y perdonan porque saben de cuánto ellos mismos han sido perdonados
Miran con desprecio a los demás	3 **Estiman** a otros mejor que a ellos mismos
Tienen un espíritu independiente y autosuficiente	4 **Se apoyan** en Dios y en otros creyentes
Tienen que demostrar que ellos tienen la razón	5 **Reconocen** que con frecuencia se equivocan

Exigen sus derechos; tienen un espíritu de exigencia	6 **Renuncian** a sus derechos; tienen un espíritu manso
Se preocupan de cuidar su tiempo, proteger sus derechos y su reputación	7 **Están** dispuestos a sacrificarse por los demás; dan de su tiempo, ceden sus derechos y no buscan ser famosos
Quieren que les sirvan y si ellos lo hacen es para obtener alabanzas	8 **Buscan** servir a otros para la gloria de Dios
Quieren triunfar por ellos mismos	9 **Quieren** que otros sean exitosos
Se autopromueven	10 **Quieren** que otras personas sean ascendidas
Quieren que se les reconozca y aprecie; se ponen tristes cuando otros reciben honores	11 **Tienen** una sensación de su propia indignidad; se sorprenden cuando Dios puede usarlos
Sienten que *«esta organización/ministerio debería sentirse orgulloso de tenerme a mí»*	12 **Saben** que todo lo que tienen para ofrecer es bendiciones del poder de Dios a otros a través de su debilidad
No tienen nada que aprender; ellos lo saben todo	13 **Son** humildes y prontos para aprender
Son autoconscientes; están siempre preguntando: *«¿Cómo me veo?»*	14 **Se** preocupan menos en ellos mismos que en los demás
Mantienen las distancias con los demás; son inabordables y demasiado confiados	15 **Se** arriesgan dejando que los demás se les acerquen, son tiernos y amables y, por eso mismo, vulnerables
Son defensivos cuando se les critica, sienten que ellos no cometen errores	16 **Aceptan** las críticas con una actitud dócil y un espíritu humilde
Están prestos a culpar a otros cuando las cosas salen mal	17 **Pueden** ver cuando están equivocados y aceptan la responsabilidad por sus errores
Están preocupados de lucir respetables; deben proteger su imagen y su reputación	18 **Están** dispuestos a morir a las ansias de un gran nombre y vivos para promover el buen nombre de Cristo
Les resulta difícil hablarles a otros de sus necesidades espirituales (se autoprotegen)	19 **Están** listos y dispuestos ante sus necesidades espirituales (no ocultan nada)
Encubren su pecado; tienen miedo de que se sepa que son pecadores o necesitados	20 **Aceptan** que se les escudriñe. Cristo es su justicia; no tienen nada que perder

No pueden decir: «Estaba equivocado»; son evasivos y erráticos cuando confiesan sus pecados	21 **No dudan** en reconocer pecados específicos y se apresuran en buscar el perdón (Santiago 5.16)
Hacen notar los maltratos que han recibido de otros; se ven a sí mismos como víctimas que necesitan simpatías	22 **Se concentran** en su propia necesidad de arrepentimiento; se ven a sí mismos como pecadores que necesitan un Salvador
Se preocupan de las dolorosas consecuencias de su pecado; se lamentan cuando los sorprenden pero no por haber ofendido a Dios o a otras personas	23 **Se preocupan** por sus corazones pecaminosos; se apenan por alguna ofensa contra Dios o contra los demás; son prestos a arrepentirse de y dejar de pecar
Cuando entran en conflicto con alguien siempre esperan que sea la otra persona la que venga a disculparse	24 **Toman la iniciativa** para proceder a la reconciliación; son los primeros en decir «Lo siento; por favor, perdóname»
Siempre se están comparando con otros y no tienen dudas que son dignos de los honores más especiales	25 **Se quieren** parecer a Jesús; están seguros que necesitan de la misericordia de Dios
Son ciegos a la verdadera condición de su corazón	26 **Ven su corazón** como lo describe Jeremías 17.9; andan en la luz
No se les ocurre nada de lo que tengan que arrepentirse; se sienten satisfechos de lo que son y de cómo son	27 **Se dan cuenta** que necesitan un corazón con una actitud de arrepentimiento cada día
No creen que necesiten un avivamiento pero sí están convencidos que los demás sí lo necesitan	28 **Sienten la necesidad** de un avivamiento continuo, de limpiarse de todo pecado y estar siempre llenos del Espíritu Santo

Nota: Estamos en deuda con Nancy Leigh DeMoss de Campus Crusade for Christ International quien presentó la esencia de esta lista en el Instituto Nacional de Entrenamiento del personal de Estados Unidos en junio de 1995. Revisado para Grace4Life.

Un muestrario: Orgullo espiritual y quebrantamiento como lo hallamos en la Biblia

Isaías 57.15 Porque así dijo el Alto y Sublime, el que habita la eternidad, y cuyo nombre es el Santo: Yo habito en la altura y la santidad, y con el quebrantado y humilde de espíritu, para hacer vivir el espíritu de los humildes, y para vivificar el corazón de los quebrantados.

Lucas 18.9–14 A unos que confiaban en sí mismos como justos, y menospreciaban a los otros, dijo también esta parábola: Dos hombres subieron al templo a orar: uno era fariseo, y el otro publicano. El fariseo, puesto en pie, oraba consigo mismo de esta manera: Dios, te doy gracias porque no soy como los otros hombres, ladrones, injustos, adúlteros, ni aun como este publicano; ayuno dos veces a la semana, doy diezmos de todo lo que gano. Mas el publicano, estando lejos, no quería ni aun alzar los ojos al cielo, sino que se golpeaba el pecho, diciendo: Dios, sé propicio a mí, pecador. Os digo que éste descendió a su casa justificado antes que el otro, *porque cualquiera que se enaltece, será humillado; y el que se humilla, será enaltecido* (cursivas añadidas por el autor).

Romanos 12.1, 3, 10 Así que, hermanos, os ruego por las misericordias de Dios, que presentéis vuestros cuerpos en sacrificio vivo, santo, agradable a Dios, que es vuestro culto racional. Digo, pues, por la gracia que me es dada, a cada cual que está entre vosotros, que no tenga más alto concepto de sí que el que debe tener, sino que piense de sí con cordura, conforme a la medida de fe que Dios repartió a cada uno. Amaos los unos a los otros con amor fraternal; en cuanto a honra, prefiriéndoos los unos a los otros.

Filipenses 2.1–7 Por tanto, si hay alguna consolación en Cristo, si algún consuelo de amor, si alguna comunión del Espíritu, si algún afecto entrañable, si alguna misericordia, completad mi gozo, sintiendo lo mismo, teniendo el mismo amor, unánimes, sintiendo una misma cosa. *Nada hagáis por contienda o por vanagloria, antes bien con humildad, estimando cada uno a los demás como superiores a él mismo;* no mirando cada uno por lo suyo propio, sino cada cual también por lo de los otros. Haya, pues, en vosotros este sentir que hubo también en Cristo Jesús; el cual, siendo en forma de Dios, no estimó el ser igual a Dios como cosa a qué aferrarse, sino que *se despojó a sí mismo*, tomando forma de siervo... (Cursivas añadidas por el autor).

Grupos de trabajo:

1. Al lado izquierdo marque tres cosas con las que tiene dificultad y, si lo desea, hable acerca de una de ellas.
2. Para análisis: Si usted experimentó el quebrantamiento, cómo afectó su relación con:
   a. Dios,
   b. Su familia
   c. Los hermanos de la iglesia y,
   d. Sus amigos no cristianos.

Capítulo 4

EL LÍDER Y LAS MOTIVACIONES

El corazón de Mark latía rápidamente mientras tomaba asiento frente al escritorio de su obispo. No podía creer lo que oía. «Quiero que vayas a la provincia vecina y comiences una iglesia allí», siguió diciendo el obispo. «Si todo va bien, podrás sostener a tu familia y vivir como vivo yo». Esta era la oportunidad que Mark había estado esperando. Al fin podría tener el respeto de los demás y vivir confortablemente.

El pastor Mark trabajó duro. Día y noche se dio a su pequeña iglesia. Bajo su liderazgo la iglesia creció y prosperó. La gente lo respetaba por la forma en que trabajaba y porque mantenía una buena reputación en la comunidad. Cuando iba por el camino la gente se paraba a saludarlo: «¡Hola, pastor!». Pero después de dos años de exitoso trabajo, se presentó un problema entre él y su junta de ancianos. Él estimaba que después de todos esos años de duro trabajo, se merecía que la iglesia le pagara lo suficiente como para tener una casa grande y un vehículo. Los ancianos creían que estaba pidiendo demasiado. El problema explotó y la iglesia se dividió.

Aunque hubo varias circunstancias que contribuyeron a que se originara ese conflicto, las motivaciones del pastor Mark jugaron un papel destacado en que la iglesia se dividiera. A medida que la iglesia prosperaba, las razones para el liderazgo del pastor Mark se hicieron menos y menos atractivas, saliéndose de las expectativas de Dios para con sus líderes.

Esta ilustración nos ofrece un factor importante por el cual todos los líderes deben autoevaluarse. ¿Cuál es la motivación para su liderazgo? ¿Es porque dirigir es algo cautivante? ¿Busca usted la alabanza y la aprobación de los demás? ¿Es usted un hombre de negocios o un educador porque Dios lo ha llamado o porque busca ganancias personales?

En realidad, estas cosas son las que determinan sus motivaciones. En el liderazgo cristiano, a menudo las motivaciones son determinantes en el trabajo que usted lleva a cabo. Mientras muchos líderes tienen motivos puros, otros, como el pastor Mark, asumen un liderazgo por motivaciones equivocadas. Pedro, un experimentado líder dio instrucciones a los líderes de la iglesia que siguen estando vigentes el día de hoy y que le ayudarán a usted a examinar sus propias motivaciones para el liderazgo que ejerce.

> Ruego a los ancianos que están entre vosotros, yo anciano también con ellos, y testigo de los padecimientos de Cristo, que soy también participante de la gloria que será revelada; apacentad la grey de Dios que está entre vosotros, cuidando de ella, no por fuerza, sino voluntariamente; no por ganancia deshonesta, sino con ánimo pronto; no como teniendo señorío sobre los que están a vuestro cuidado, sino siendo ejemplos de la grey. Y cuando aparezca el Príncipe de los pastores, vosotros recibiréis la corona incorruptible de gloria (1 Pedro 5.1–4).

Este pasaje está lleno de consejos para los líderes cristianos. En este capítulo, me concentraré en cuatro motivos que Pedro destaca para el liderazgo cristiano.

La motivación del líder es sincera

Pedro comienza diciendo que el liderazgo debe asumirse con un corazón sincero. Que se debe servir «no por fuerza, sino voluntariamente» que es la forma que Dios quiere. El liderazgo conlleva grandes responsabilidades por lo que no pueden ejercerlo quienes no estén dispuestos a asumirlas. El liderazgo cristiano nunca debería forzarse u obligarse. El llamado que cree sentir alguien habrá de verse confirmado por otras personas pero a menos que proceda de Dios nadie debería buscar ser un líder cristiano. Trátese de la iglesia, la comunidad donde vive o la sociedad, ningún líder cristiano debería ostentar esa posición si no está seguro del llamado de Dios.

El llamado evita el desgaste

Sin un llamado claro, el líder cristiano pronto se verá abrumado por el trabajo. El trabajo en el reino no termina sino hasta el día en que Cristo regrese. Un líder puede trabajar y trabajar durante años sin ver grandes resultados. En este sentido, con frecuencia las retribuciones tangibles son escasas. Muchos líderes han comenzado pero pronto se ven enfrentados a un agotamiento físico, emocional o espiritual. Se desgastan. Por eso, sin un claro sentimiento de llamado y una provisión diaria de fuerza y una visión inspirada divinamente usted se desgastará rápidamente.

El llamado da energía

Mi llamado me mantiene andando. Puedo estar físicamente exhausto pero cuando recuerdo el llamado de Dios para mi vida recupero fuerzas. Esto no significa que no pueda detenerme y descansar pero mi llamado me da ese sentimiento de permanencia y me motiva para continuar el trabajo sin importar lo duro que pudiera ser y sin resultados aparentes. Cuando me dedico a hacer el trabajo para el que Dios me ha llamado, él me da las energías que necesito. Cuando el Señor me comisiona para hacer su obra, mi servicio llega a ser tanto emocionante como retributivo.

El llamado protege sus motivaciones

Mi llamado me ayuda a proteger mis motivaciones. A veces yo empiezo a servir por razones impuras. Puedo verme tentado a hacerlo por dinero pero Dios me recuerda que él me ha llamado. Puedo sentirme tentado a complacer a otros, pero entonces Dios me recuerda que ha sido él quien me ha llamado. Un sentimiento claro de llamado me ayuda a proteger mi corazón de motivos equivocados.

Para que nos muevan motivaciones puras se requiere en forma imperativa un sentimiento claro de llamado. ¿Pero cómo recibe un líder un «llamado» de Dios? No vamos a entrar a analizar a fondo este asunto en este capítulo pero algunas reflexiones pueden ayudar. Hay muchos que nunca experimentaron lo que se conoce como «el llamado de Damasco» que fue el que el apóstol Pablo experimentó. Como quiera que sea, para algunos líderes cristianos, al «llamado» de Dios viene como una experiencia sobrenatural a través de la cual Dios les habla. Para muchos, probablemente Dios les ha hablado en forma menos elocuente que aquella.

Algunos quizás experimentan la dirección de Dios en sus vidas a medida que van desarrollando sus dones y su fidelidad en servirle allí donde han sido puestos. En forma gradual van recibiendo más y más responsabilidad. Muchas veces el líder que se está formando no se da cuenta de su potencial sino que considera la posibilidad de un llamado al liderazgo cuando otras personas empiezan a hacerle notar sus dones. Mediante la oración, la reflexión y el consejo, Dios puede confirmar ese llamado.

Es procedente que otros creyentes alienten a uno de sus hermanos a pensar en el llamado de Dios. Sin embargo, cada persona debe decidir el asunto en la intimidad de su corazón y no según opinen otras personas.

Muchos líderes de iglesias luchan con Dios en cuanto a su llamado. Lo aceptan pero les parece demasiada responsabilidad o demasiado costoso. Temen que les pueda llevar a una vida de pobreza para ellos y sus familias. Cuando Dios llama a una persona a ir de lo conocido a lo desconocido es natural que se enfrente a tales temores y dudas; por eso, decisiones de esta naturaleza requieren de mucha oración, consejos sanos y tiempo. Y a propósito de tiempo, todo el que se pase en reflexión y procesando el llamado de Dios es útil y provechoso. Dios purificará las motivaciones e insuflará el valor necesario para nunca volver atrás. Cuando tenga la seguridad de que está respondiendo al llamado de Dios, ¡avance! Es posible que el llamado le sea costoso pero siempre será menos que el precio a pagar por la desobediencia.

Los líderes cristianos en otras esferas igualmente deberán ser claramente llamados a tal o cual posición o vocación. La elección de una carrera debe estar basada en un sentido de dirección de Dios y no simplemente en oportunidades que se presenten o en la perspectiva de retribuciones económicas.

En última instancia, cada líder cristiano debería poder decir: «Estoy aquí porque Dios quiere tenerme aquí». ¿Puede usted decir lo mismo respecto de su actual función de liderazgo?

La motivación del líder es servir

Pedro dice que somos «supervisores» («cuidando la grey de Dios», 1 Pedro 5.2). En una terminología moderna esto podría leerse así: «Ser jefes sirviendo». Aunque podría considerarse una paradoja, es el estilo cristiano. En el mundo, mientras más alto llegue la persona en su liderazgo, más gente tiene que le sirva. En el reino, sin embargo, es exactamente lo opuesto. Los líderes son los que sirven.

Jesús vino como un siervo. Lavó los pies a sus discípulos y nos llama a dirigir como él lo hizo. «Porque el Hijo del Hombre no vino para ser servido, sino para servir, y para dar su vida en rescate por muchos» (Marcos 10.45). Esto se aplica en el hogar, en el comité de finanzas de la iglesia y en las juntas corporativas. A medida que usted asciende en cuanto a sus responsabilidades como líder, sus privilegios disminuyen y sus responsabilidades aumentan. A mayor altura, mayores serán las demandas que los demás le hagan. Su tiempo llega a ser el tiempo de ellos; sus recursos, los de ellos. Su vida llega a ser un libro abierto.

Si usted no está dispuesto a servir, renuncie a su liderazgo cristiano. Examine sus motivaciones. ¿Es un líder para servir a los demás o para que los demás le sirvan? Fíjese en el hecho que el Pedro que escribió este pasaje sobre liderazgo es el mismo que pretendía ser el más grande en la discusión que tuvieron en la Última Cena y que se resistió a que Jesús le lavara los pies. ¡Dios puede redimir y transformar al hombre!

Servir también implica dar en lugar de recibir. Pedro nos advierte a no buscar «ganancias

> **¡Si usted no está dispuesto a servir, renuncie a su liderazgo cristiano!**

deshonestas». La ambición por el dinero ha llevado a muchos líderes a extraviarse dentro y fuera de la iglesia. Es posible que aunque usted no reciba retribución monetaria en su posición de liderazgo pueda ser tentado a servir por lo que podría recibir en forma indirecta. Puede ganar prestigio, un asiento especial, un título o reconocimiento público. Tener autoridad y poder hace sentirse tan bien que muchos buscan liderazgo precisamente por eso.

Para ser un servidor de los demás se requiere un amor genuino. El amor se preocupa por los demás. El amor es generoso, anhela ver cómo otros prosperan y crecen. ¿Cuánto ama usted a las personas de las que es líder?

Todos los líderes están motivados ya sea para recibir o para dar. Pero según Pedro, el liderazgo cristiano se caracteriza por dar, no por recibir. Como líder, yo estoy llamado a dar mi tiempo, mi dinero, mis oraciones y mi amor en el servicio de aquellos que están bajo mi cuidado.

Si voy a dar, tendré que recibir de alguna parte. ¿Cuál es la fuente de donde recibo? Es Dios. Este es uno de los beneficios más sorprendente del liderazgo cristiano: dar a otros lo que Dios le ha dado. Los líderes tienen que ir ante la presencia del Señor, recibir dirección de él y luego traspasarla a los demás. Todos sabemos que la comida sabe mejor en la cocina, cuando aun está en la olla que cuando más tarde se la sirve en el comedor. Si yo soy un líder cuya motivación es servir a otros y darles a ellos, experimentaré esta bendición de parte de Dios. ¿Dirige usted para dar o para recibir, para servir o para que le sirvan?

La motivación del líder es mostrar y demostrar

Pedro nos dice que seamos ejemplo de la grey (1 Pedro 5.3). El líder cristiano se centra en hacer más que en hablar. Guía a otros a través de mostrarles el camino y no solo por hablarles del camino. Una motivación en el liderazgo debería ser ejemplo para los demás. Usted se muestra como un ejemplo viviente del poder de Dios para cambiar vidas y, por lo tanto, puede esperar que los demás lo imiten.

Pablo dice: «Imítenme a mí como yo imito a Cristo» (1 Corintios 11.1, NVI). ¡Qué tremendo desafío el de Pablo! ¿Puedo yo decir lo mismo a mis seguidores? ¿Les hemos dicho alguna vez a otros que hagan lo que yo digo más que lo que yo hago? Decirles lo que tienen que hacer es mucho más fácil que ser un ejemplo vivo de lo que debería hacerse. Cuando usted dice a su gente que ore, usted debe orar. Cuando les dice que lleguen a la hora, usted debe estar allí antes de la hora. Este patrón presenta un verdadero reto a la mayoría de los líderes. Pregúntese: «Si alguien en mi organización me está imitando, ¿qué está imitando?».

Es muy fácil que los líderes se transformen en dictadores que dicen a los demás lo que tienen que hacer sin que ellos se muestren como ejemplos vivientes. Jesús regañó ásperamente a los fariseos por ser este tipo de líderes. Los fariseos se enseñoreaban sobre el pueblo al que dirigían. Pero Pedro dice: «No se enseñoreen sobre aquellos a quienes dirigen». Enseñorearse implica abusar de la autoridad, usar la posición para forzar la obediencia o usar el poder para obtener beneficios personales.

El abuso del poder se manifiesta cuando:

- Rechazamos ser rebatidos
- Abusamos verbalmente de la gente
- Exigimos compensación o privilegios
- Manipulamos a los demás

El liderazgo cristiano no usa la fuerza. Las personas son libres para seguir o no seguir al líder. El único poder de que dispone el líder cristiano es atraer a los demás mediante una humildad genuina y una actitud de servicio. La influencia viene a través de la habilidad del líder para ser un ejemplo que otros desearán imitar.

Como líder, puede usar su posición para beneficiarse usted o para beneficiar a otros. En 2 Corintios 13.10 Pablo dice: «Por esto os escribo estando ausente, para no usar de severidad cuando esté presente, conforme a la autoridad que el Señor me ha dado para edificación, y no para destrucción». La gente necesita un liderazgo bueno y firme. Con esto no estoy sugiriendo que usted debe dejar de ejercer un buen liderazgo sino que debe ejercerlo desde una posición de amor y para beneficio de los demás, y no para el suyo.

Si su motivación es ser ejemplo, va a tener que examinar cuidadosamente su vida para estar seguro que es un buen ejemplo. Es posible enseñorearse en lugares donde no ha sido un buen ejemplo, pero solo podrá «guiar» dirigiendo a los demás por donde usted ya ha pasado. ¿Pueden otros seguir su ejemplo?

La motivación del líder es satisfacer

La motivación final de Pedro para todo líder cristiano es complacer al «Príncipe de los pastores». En este pasaje, nos recuerda que somos pastores del rebaño de Dios. Dios es el «Príncipe de los pastores» (1 Pedro 5.4) y, por lo tanto, se encuentra en el primer lugar del cuadro administrativo. El rebaño es *su* rebaño, no *mi* rebaño. Para ejercer un liderazgo efectivo es necesario reconocer tanto la autoridad de Dios como la autoridad humana. Usted trabaja para él, bajo él y bajo otros. Al llamar a Dios «Señor» está reconociendo que él tiene el derecho de estar en total control de su vida. Muchas veces, debido a que Dios no se encuentra sentado a su escritorio en la oficina del lado, los líderes espirituales olvidan que Dios les pedirá cuentas y empiezan a actuar como dictadores en lugar de como pastores. Su motivación, en todo momento, debe ser complacer a su «Jefe».

Es posible que en lugar de tratar de agradar a su Jefe, usted se sienta tentado a satisfacer a otros. Su carne clama por ser complacida, por recibir aplausos. Pero Pedro le recuerda que usted debería trabajar no para que los hombres lo alaben sino para la exaltación de su Señor.

Pedro también nos alienta a mirar el futuro. Habla de un tiempo cuando «aparezca el Príncipe de los pastores». En la actualidad, parece oculto de nuestra vista al punto que habrá ocasiones en que nos olvidemos que está observando nuestro trabajo. Pero llegará el día cuando aparecerá. ¿No nos emociona esta perspectiva? ¿Hemos sido la clase de líderes que estaremos felices de ver llegar a nuestro Maestro? Seguramente aquel día habrá quienes, avergonzados, agacharán la cabeza. Otros verán su trabajo consumido por el fuego. Pero los que han servido como líderes fieles recibirán una «corona de gloria» (1 Pedro 5.4).

Yo me emociono cuando pienso en el día cuando Jesús vendrá y me entregará mi corona. Cada creyente recibirá una recompensa pero aquí Pedro está hablando directamente a los líderes fieles, a aquellos que se han dado por entero a la obra del Señor.

Respecto de esta recompensa, no hay la más mínima duda. Pedro no dice: «Es posible que...» sino que dice: «Ustedes recibirán». Los líderes del mundo reciben su recompensa aquí en la tierra; usted y yo recibiremos la nuestra en el cielo. Aunque a menudo en esta vida se dan buenas recompensas por el liderazgo, el premio más significativo y eterno se dará en el cielo. La corona «nunca perderá su valor».

Piense en la escena en el cielo cuando Dios llame a los líderes cristianos uno por uno para que reciban su recompensa. ¿Qué habrá de decir de su liderazgo? Yo espero escuchar las palabras: «He aquí un líder que sirvió a mi llamado y dirigió con mi corazón».

Esta perspectiva eterna mantiene puras nuestras motivaciones. Mantiene nuestro enfoque en el servicio a Cristo con un corazón puro. Tómese un momento para examinar sus propias motivaciones. ¿Por qué es usted un líder? Piense en las motivaciones que Pedro da en este pasaje y permita que Dios hable a su corazón.

ASIGNACIÓN PARA LA ACCIÓN

1. Haga un inventario de su liderazgo dando respuestas sinceras a las siguientes preguntas basadas en 1 Pedro 5.1–4. En cada pregunta póngase una nota del 1 al 5. El 5 significa «excelente» y el 1 que «se requiere urgente mejoría».

	1	2	3	4	5
1. Tengo un claro conocimiento del llamado al liderazgo.					
2. Tengo la actitud del siervo.					
3. Dirijo para «dar», no para «que me den».					
4. Soy un buen ejemplo para los que me siguen.					
5. No me enseñoreo de aquellos a quienes dirijo.					
6. Soy líder para agradar a Cristo.					
7. Estoy sometido a la autoridad de Cristo.					
8. Me someto a la autoridad que otros tienen sobre mí.					
9. No uso mi posición para beneficio personal.					
10. Tengo un amor genuino hacia quienes están bajo mi autoridad.					

2. Después de haberse evaluado vuelva a revisar las preguntas para descubrir aquellas áreas en las que Dios lo está llamando para que se concentre para crecer en su liderazgo. Ponga aquí los números de dos de ellas: _____, _____

3. Escriba ahora dos pasos prácticos que puede dar para cambiar en aquellas áreas que ha anotado en el punto anterior. (Esta debería ser una acción concreta de parte suya, no solo un paso de «confiar más en Dios» o de «dedicar más tiempo a la oración».)

a.

b.

4. Dedique por lo menos 10 minutos a reflexionar sobre 1 Pedro 5.1–4 dejando que Dios le hable. Pídale que lo fortalezca en aquellas áreas donde se siente débil. Recuerde que el Señor ansía ayudarle para que sea el líder que él quería que usted fuera cuando lo llamó. Anote cualquier asunto que le parezca meritorio.

5. Hable con su cónyuge o con cualquier amigo de confianza si usted no es casado lo que ha aprendido y hábleles de los pasos que está dispuesto a dar. Anote la(s) fecha(s) cuando ha tenido estas conversaciones. _____

SEGUNDA PARTE

Construyendo sobre el fundamento

Capítulo 5

EL LÍDER Y SU LENGUA

Imagínese que durante cinco días ha andado con una grabadora adherida a su cuerpo. Cada vez que habla, sus palabras quedan registradas. El domingo, ante toda la congregación rebobina la cinta y echa a andar la grabadora para que todos escuchen lo que ha grabado. ¿Le agradaría hacerlo? No creo que haya muchos que quieran.

Sus palabras son poderosas. Esa pequeña lengua dentro de su boca es la parte más determinante de su cuerpo. Es tanto, que *Proverbios 18.21 dice que «la muerte y la vida están en poder de la lengua».* Con sus palabras usted puede construir o destruir, crear amigos o hacerse de enemigos. Sus palabras pueden alentar o desalentar; pueden comunicar verdades o mentiras; pueden traer paz o tensión. Sus palabras pueden cortar como un cuchillo o sanar como ungüento. Es con sus palabras que usted comunica sus sentimientos más profundos, sus sueños y sus esperanzas. Puede hacer sonreír o iniciar una pelea; puede crear paz o un disturbio. Sus palabras tienen un poder tremendo.

Podemos recordar palabras que se nos dijeron cuando éramos niños y que aun en nuestra edad de adultos siguen produciéndonos alegría o pena. Quizás alguien le dijo: «¡Tú nunca llegarás a ser algo en la vida!». Hasta ahora, usted se esfuerza por creer en usted mismo. O quizás alguien, inconscientemente, le dijo: «¡Tienes una nariz tan ridícula!» y aunque pasen años usted seguirá queriendo hacer algo con su nariz.

Debido a que tiene un instrumento tan poderoso en su boca, Dios se preocupa de lo que usted dice. La Biblia tiene mucho que decir acerca de nuestras palabras. Solo el libro de Proverbios contiene más de 100 versículos, de un total de 900, que tienen que ver con lo que hablamos. Como líder, sus acciones se amplifican ante los demás. Sus virtudes y sus defectos *se ven más grandes de lo que en realidad son*. Por esto, es especialmente importante que usted aprenda a controlar su lengua.

Jesús dice: «Mas yo os digo que de toda palabra *ociosa* que hablen los hombres, de ella darán cuenta en el día del juicio» (Mateo 12.36, cursivas del autor). Jesús nos recuerda que tendremos que dar cuenta de cómo hemos usado nuestras lenguas. Jesús nos hará responsables no solo de cuanto hemos dicho en público sino también de nuestras «palabras ociosas». Palabras ociosas son las que pronuncio sin pensar antes. Son las dichas bajo ira o enojo; réplicas apresuradas, comentarios desatinados y las exageraciones que agrandan mi imagen. Este capítulo está basado en un versículo que ha cambiado mi forma de hablar.

> Ninguna palabra corrompida salga de vuestra boca, sino la que sea buena para la necesaria edificación, a fin de dar gracia a los oyentes (Efesios 4.29).

En este capítulo de Efesios, Pablo habla de hacer a un lado la vieja manera de vivir para entrar por el camino señalado por Jesús. En este versículo él se refiere a una de las áreas más difíciles de cambiar: la forma en que hablamos. Y nos ofrece el patrón de Jesús para nuestras lenguas.

Jesús quiere que su lengua deseche el hablar sucio

Pablo primero menciona lo que no debería salir de la boca del creyente: malas palabras. Los versículos del contexto inmediato y otros pasajes de la Escritura identifican algunas de las palabras inconvenientes a las que Pablo se refiere.

Hay que identificar las malas palabras

Falsedad

Un área importante en el mal hablar es el de las falsedades o mentiras. Pablo dice en Efesios 4.25: «Por lo cual, desechando la mentira, hablad verdad cada uno con su prójimo; porque somos miembros los unos de los otros». Mentir puede hacerse directamente cuando usted afirma algo que no es verdad. «Yo no estaba allí» o «Yo no lo hice» cuando, en realidad, usted estuvo allí e hizo lo que dice que no hizo. También puede mentir cuando da una impresión falsa. Cuando dice: «Voy a ir» y no tiene la intención de hacerlo, eso es dar una impresión falsa. A veces se da una impresión falsa cuando guarda silencio y deja así que los demás crean algo que usted sabe que no es cierto. Otras veces se da una impresión falsa con un testimonio impresionante: «Me siento bien, y salvo y en victoria en el Señor» cuando en realidad se encuentra luchando en ciertas áreas de su vida por lo cual su declaración resulta falsa. Otra forma de falsedad es la exageración. Este «estiramiento de la verdad» hace que su historia suene mucho mejor a los oídos de su audiencia. Pero en el momento en que manipula la verdad, la está transformando en una mentira.

La veracidad es tan determinante en el trabajo de un líder que le he dedicado todo un capítulo a analizarla con detención.

Palabras pronunciadas bajo la ira

Una segunda área del hablar malsano son las palabras dichas con ira. Pablo dice: «Airaos, pero no pequéis» (Efesios 4.26). Esta probablemente sea la forma más rápida de pecar con la lengua. Cuando usted está enojado su cerebro deja de funcionar apropiadamente pero su boca se mantiene activa. Bajo tales circunstancias, puede decir cosas duras, como: «¡Te odio!», «¡Nunca volveré a trabajar aquí!» o «¡Jamás te voy a volver a prestar un libro!». Es muy posible que cuando se le pase la rabia se arrepienta de haber dicho aquellas frases, pero ya no podrá retractarse. ¡Ya las dijo! Puede ver el daño en la mirada de la otra persona pero en su rabia se sentirá justificado por haberlas dicho.

Obscenidad

En Efesios 5.4, Pablo dice: «Ni palabras deshonestas, ni necedаdes, ni truhanerías, que no convienen». El lenguaje obsceno está diseñado para producir excitación sexual. Se enfoca en lo vulgar en lugar de en las cosas que traen gloria a Dios. Es lo que a veces llamamos «chistes de color subido». Evite chistes o historias que se enfoquen en actividades sexuales o en la anatomía del cuerpo. Los chistes pueden ser muy humorísticos pero están diseñados para despertar el interés en cosas que no agradan a Dios. Devalúan a sus hermanos y hermanas en Cristo y degradan su cuerpo físico y el acto sexual en lugar de honrar a la creación de Dios.

Necedades

En el versículo que hemos citado, Pablo habla contra las «necedades». Mucho de lo que se habla en el mundo es necedades. Usted puede escuchar durante 20 minutos y al final decir: «¿Qué fue lo que dijo?». Lo que escuchó carece de valor y de sentido. No tiene por qué ser malo pero tampoco es bueno. Esto no significa que un creyente no pueda participar en conversaciones triviales, pero esto debería ocupar únicamente una pequeña fracción de todo lo que se dice y siempre debería conducir a conversaciones con contenido. En 2 Timoteo 2.23 Pablo advierte a Timoteo, un líder: «Pero desecha las cuestiones necias e insensatas, sabiendo que engendran contiendas».

Truhanerías

En el mismo versículo, Pablo también se refiere a las «truhanerías». No condena todos los chistes, pero específicamente menciona los chistes «chabacanos». Hacer bromas y reír es esencial en una vida cristiana gozosa. De hecho, muchos líderes cristianos necesitan desesperadamente aprender a disfrutar la vida y a practicar una risa sana. Un buen chiste, incluso uno a las propias expensas del líder, es reconfortante. Pero aunque el chiste sea bueno, usted debe ser muy cuidadoso respecto de qué es lo que lo hace reír. Chistes que se mofan de otra persona o de otra cultura o que deshonran la creación de Dios deberían evitarse. Si usted tiene dudas, probablemente un chiste no es para reírse o para contarlo a otros.

Palabrería

A veces el hablar inadecuado se manifiesta simplemente a través de hablar demasiado. Todos conocemos a personas que siempre tienen algo que decir, que dirán cualquiera cosa sobre lo que sea, que siempre tienen un comentario y una opinión en la punta de la lengua.

Pero hablar mucho tiene algunas serias consecuencias. Proverbios 10.19 dice: «Cuando las palabras son muchas, el pecado no está ausente».

Los que hablan demasiado, inevitablemente terminarán cometiendo otro pecado con su lengua. Cuando la verdad se ha agotado, entonces vienen las mentiras. Cuando se termina de dar un buen reporte se despliega un mal reporte. Cuando las palabras amables se agotan, comienza el uso de la calumnia y los chismes. Cuando ya no hay más chistes sanos, aparecen los chistes malos. 2 Timoteo 2.16, escrito a un líder, dice: «Evita profanas y vanas palabrerías, porque conducirán más y más a la impiedad».

> Los que hablan demasiado inevitablemente terminarán cometiendo otro pecado con su lengua.

Los que hablan demasiado pecan porque no pueden escuchar a los demás. Juan 1.19 dice: «Por esto, mis amados hermanos, todo hombre sea pronto para oír, tardo para hablar, tardo para airarse». Dios dio a las personas dos orejas y una boca. Piense que eso puede significar que hay que oír el doble de lo que se habla. Recuerde esto: Se hacen más amigos con los oídos que con la boca.

El escritor de Eclesiastés (5.1–3) incluso nos advierte de no hablarle demasiado a Dios. Que sus oraciones no sean un palabrerío innecesario. Me pregunto cuánto se cansará Dios de oírme y cuánto desearía que yo pusiera atención a lo que él quiere decirme.

Cuídese de quien habla demasiado porque esa persona tiene un problema.

Zalamería

Ser zalamero es decir palabras bonitas a una persona para ganar su favor. Proverbios 26.28 nos advierte que «la boca lisonjera hace resbalar». Los que hacen uso de la lisonja piensan que con sus lenguas pueden controlar a los demás. Puede que no se le llame zalamería sino «halago» o algunas otras formas que suenen bonito. «Pastor, ese fue un tremendo sermón. Me bendijo tanto... ¿podría ayudarme con un problema?». En el reino de Dios no hay lugar para la manipulación ni para las zalamerías. En lugar de eso, sea sincero en todo lo que diga.

Jurar

Otra cosa que el creyente no debe practicar es jurar. En Mateo 5, Jesús claramente manda a sus seguidores a no jurar:

> Pero yo os digo: No juréis en ninguna manera: ni por el cielo, porque es el trono de Dios; ni por la tierra, porque es el estrado de sus pies; ni por Jerusalén, porque es la ciudad del gran Rey. Ni por tu cabeza jurarás, porque no puedes hacer blanco o negro un solo cabello. Pero sea vuestro hablar: Sí, sí; no, no; porque lo que es más de esto, de mal procede (Mateo 5.34–37).

Yo creo que Jesús nos manda a no jurar porque la necesidad de hacerlo indica que una persona no siempre dice la verdad. Si te digo: «Juro que te estoy diciendo la verdad» estoy implicando que tú me vas a creer ahora pero no otra vez. Por eso, Jesús dijo: «Que tu sí sea sí y que tu no sea no». Muy sencillo. Él nos manda a decir siempre la verdad.

Jurar es muy similar a usar el nombre de Dios en vano. Muchos creyentes usan el nombre de Dios indolentemente como parte de su conversación o en exclamaciones. Debemos ser muy cuidadosos en honrar el nombre de Dios usándolo respetuosamente.

Chismes (Proverbios 16.28; 18.8; 1 Timoteo 5.13)

Chismear es decir cosas de una persona que no deberían decirse. El chisme es, en realidad, uno de los pecados más dañinos en la iglesia y en la sociedad humana. Proverbios 16.28 dice que «el chismoso aparta a los mejores amigos». Muchas, muchas relaciones han sido destruidas por los chismes. Con bastante frecuencia amigos íntimos han llegado a odiarse después que los chismes crearon en ellos desconfianza y malos entendidos. Los chismes no solo han arruinado relaciones individuales sino que han dividido iglesias y destruido organizaciones. El chisme es un pecado mortal.

Quizás usted piense que solo ha compartido con alguien cosas que han llegado a sus oídos o algo relacionado con determinada persona. La información parece quemarle en su interior y necesita urgentemente compartirla con alguien. *Pero usted no necesita repetir todo lo que sabe.* Es posible guardar silencio.

La forma más destructora del chisme es cuando los cristianos lo disfrazan con un débil barniz de espiritualidad. A menudo, el «chisme espiritual» comienza con una petición para orar. «Oh, mi hermano Pedro, necesitamos orar por Juanita... ¿Supiste lo que ella hizo el otro día?». No sea embustero. Esa conversación probablemente no termine en una oración a favor de Juanita, sino que termine siendo un chisme común y corriente.

Carnalmente, a usted le gustaría saber todo lo referente a otras personas. A todos nos ocurre eso. El chisme es atractivo y satisface esos deseos. Proverbios 18.8 dice: «Las palabras del chismoso son como bocados suaves, y penetran hasta las entrañas». También usted se siente importante cuando puede traspasar alguna información que otros no conocen. Se siente superior a la persona sobre la cual está hablando porque usted no ha pecado como lo ha hecho ella. No se autoengañe. El chisme siempre destruye; nunca construye.

Difamación

Difamar es decir de otra persona algo que no es verdad. Es difundir, deliberadamente, una falsedad. La difamación difiere del chisme en que el chisme es a menudo verdad pero que no tiene por qué ser difundido mientras que la difamación es siempre algo falso que se utiliza para causar daño.

Podemos difamar a alguien sin darnos cuenta si antes de hablar no verificamos los hechos. *Tenga cuidado al transmitir alguna información de segunda mano sobre la cual no tiene confirmación veraz.* Por supuesto, si usted evita difundir información negativa en general, se estará librando de ser un chismoso o un difamador. Proverbios 10.18 dice: «El que propaga calumnias es necio». En Tito 3.1–2 se nos recuerda que «a nadie difamen». La difamación es un pecado mortal que ha destruido a muchos líderes cristianos.

De su boca pueden salir muchas otras formas de hablar inconveniente que el espacio limitado del que disponemos aquí no nos permite revisar a fondo. Estas incluyen refunfuñar, polemizar, quejarse, jactarse, criticar y un lenguaje sucio, entre otras.

Hay que parar la costumbre de hablar necedades

Usted no solo debe identificar la forma en que habla necedades sino que tiene que parar de hacerlo. Pablo nos manda: «Ninguna palabra corrompida salga de vuestra boca» (Efesios 4.29). Y no lo dice como una sugerencia para aquellos que deseen ser cristianos de primera clase o como algo por lo cual orar. No. Pablo *ordena* hablar en una manera sana.

Usted controla su lengua y debe asumir la responsabilidad por lo que habla. No se puede decir, a modo de justificación: «¡Me hicieron decir eso!». Porque usted dice lo que quiere decir. No eche la culpa a su mamá: «¡Es que mi mamá fue siempre una gran habladora!». Otros pueden ejercer una gran influencia en usted pero nadie lo está obligando a ser un chismoso. Solo cuando usted deje de pensar como una víctima y acepte su responsabilidad, Dios podrá cambiar y redimir sus palabras.

Pablo lo desafía a eliminar completamente su forma inadecuada de hablar. *No permita que ninguna forma inapropiada de hablar salga de su boca.* Reducir la cantidad o el grado de conversaciones malsanas en nuestras vidas es lo ideal, pero no es suficiente. Pablo no quiere reducir el flujo de basura sino que quiere eliminarla por completo.

Aun si usted ha obedecido esta parte del versículo, su hablar debería mejorar inmediatamente a lo menos un cincuenta por ciento y el número de palabras que usted diga probablemente tenga que reducirse en más de un cincuenta por ciento.

Habiendo analizado lo que tiene que eliminar de lo que sale de su boca, miremos ahora el propósito de Jesús para su lengua. El deseo de Jesús es eliminar lo malo, sí, pero él también quiere redimir su hablar para su gloria.

Jesús quiere que su lengua sirva para edificar las vidas de otros

Pablo dice que su lengua debería hablar «solo lo que es positivo para edificar las vidas de otros según sus necesidades y que debería beneficiar a quienes le escuchan». Dios desea que sus palabras primeramente edifiquen las vidas de otros. En este pasaje, el apóstol ofrece varias características de un hablar para edificación.

Un hablar edificante suple las necesidades de otros

Pablo dice que su hablar debería estar en concordancia con «las necesidades de los otros» para bendecirles y edificar sus vidas. Haga un alto y analice sus palabras. Muchas de ellas se enfocan en satisfacer las necesidades de quien habla en lugar de las de aquellos a quienes se habla:

- Quizás usted sienta que tiene que ser *reconocido* por lo cual se dedica a decir chistes graciosos y a decirlos en voz alta de modo que todos los que le rodean se den cuenta y le brinden la alabanza que usted busca.
- Quizás sienta que necesita sentirse *importante* así es que opina sobre las debilidades de otra persona tratando de elevarse usted mismo a una posición superior.
- Quizás tenga la necesidad de sentirse *amado,* así es que dice lisonjas esperando ganar la atención y la aprobación de los demás.
- Quizás tenga la necesidad de sentirse *aceptado,* así es que dice solo lo que cree que los demás quieren oír.

Si usted es como una de estas personas, muchas de sus palabras estarán enfocadas en sus propias necesidades y no en las de la otra persona. Como creyente, ese enfoque debe modificarse. Al tratar de demostrar el amor que Dios le tiene a usted, un amor sin egoísmos y generoso, usted deberá enfocarse en las necesidades de otros:

- Ellos necesitan ser *reconocidos.* Escúchelos atentamente y valorice sus contribuciones; en otras palabras, deles el reconocimiento que se merecen.
- Ellos necesitan sentirse *importantes.* Elogie las virtudes que observa en ellos y anímelos a desarrollar aun más esas habilidades.
- Ellos necesitan sentirse *amados.* Dígales: «Hermano o hermana, te amo» y respalde esa declaración con sus acciones.

- Ellos necesitan sentirse *aceptados*. Hábleles de sus propias luchas de modo que ellos se sientan animados a compartir las suyas sin sentirse solos.

Sus palabras deberían extenderse, como el consuelo de Dios, y satisfacer las necesidades de los que le rodean. Antes que abra la boca, pregúntese: «¿Cuál es la necesidad de esta persona y cómo puedo llevarle bendición con mis palabras?».

Un hablar edificante beneficia a sus oyentes

Pablo nos exhorta a hablar de tal manera que nuestras palabras «puedan beneficiar a quienes escuchan». Cuando usted habla según las necesidades de los demás, sus palabras tendrán el poder de llevar bendición y sanidad.

Es posible que usted conozca a alguien que siempre le está dirigiendo palabras de aliento. Cuando tiene un día malo, quisiera visitar a aquella persona porque sabe que sus palabras serán un bálsamo para usted. Me encanta estar con personas como esas. Tengo un amigo que siempre tiene una palabra positiva para mí y trato por todos los medios de verlo con frecuencia. Tales personas son joyas escasas. Como cristiano y como líder trato de ser como ese amigo mío.

Después de cada conversación, usted debería estar listo para decir: «Ministré a tal persona». Esto no significa que siempre va a decir lo que la persona quiere oír o que no puede hacer una crítica o una llamada de atención. A veces lo que una persona necesita es, precisamente, una reprimenda. Pero esta debe hacerse con amor para ayudar a solucionar la necesidad que tal persona tiene. En cualquier caso, sea para animar, desafiar o reprender, procure que su conversación lleve beneficios a la otra persona.

Un hablar edificante es la forma exclusiva de hablar del creyente

Pablo dice que de su boca debe salir *solo* «la [palabra] que sea buena para la necesaria edificación». Su boca debería especializarse en esta clase de hablar y nada más. La obediencia a este mandamiento eliminará el hablar descomedido e innecesario. Imagínese el impacto revolucionario que esto podría tener en su familia y en su iglesia.

Jesús quiere un cambio en su manera de hablar

Posiblemente a estas alturas usted se encuentre muy desanimado; como si su lengua estuviera fuera de control y que fuera imposible cambiarla. Pero ¡arriba ese ánimo! que a continuación le ofrezco cuatro maneras que le pueden ayudar:

Confiese su pecado

Cristo es el único que puede cambiar su modo de hablar si usted primero confiesa su pecado. «Si confesamos nuestros pecados, él es fiel y justo para perdonar nuestros pecados, y limpiarnos de toda maldad» (1 Juan 1.9). Su promesa depende de su voluntad de arrepentimiento. Usted debe reconocer su forma de hablar como pecaminosa en lugar de intentar justificarse llamándola una debilidad o un problema. Y cuando confiese, sea específico. Al Señor no le impresionan las generalidades. Usted, humildemente, debe decir: «Mi lengua está llena de chismografía», «Mentí a mi jefe» o «Calumnié a mi amigo».

Confiese su pecado a Dios y, cuando sea necesario, a otras personas. Si usted ha pecado con su lengua, no hay duda que ha ofendido a alguien. La confesión es uno de los incentivos más poderosos para que se produzca el cambio. Ir a la persona a la que ha ofendido y pedirle que le perdone puede ser muy doloroso pero hacerlo le ayudará a tomar con seriedad este asunto. Lo pensará dos veces antes de cometer el mismo pecado otra vez porque se va a recordar de lo doloroso que resultó la confesión. No busque acomodos. Pague el precio y Dios cambiará su lengua. Yo recuerdo unas cuantas ocasiones muy dolorosas cuando tuve que pedir a algunas personas que me perdonaran por hablarles en una forma ofensiva. Ese paso me ha cambiado a mí y lo cambiará también a usted.

Pídale a Dios que le cambie su corazón

Si tiene un problema con su lengua puede pedirle a Dios que le cambie su hablar. Pero la raíz del problema no es su lengua sino que es su corazón. Lucas 6.45 dice: «Porque de la abundancia del corazón habla la boca». Los problemas de su lengua son, en realidad, problemas de su corazón. Usted hiere a otros con sus palabras ofensivas porque su corazón no ha sido quebrantado; practica el chisme por su orgullo y porque quiere lucir bien a los ojos de los demás; miente porque quiere que otros piensen bien de usted; y denigra porque odia a la persona a la que calumnia. Piense cómo lucha con sus palabras y pídale a Dios que identifique la raíz en su corazón. Y luego, pídale que cambie su corazón.

Memorice la Palabra

La mejor manera de que su corazón cambie es dejar que la Palabra de Dios se profundice en su corazón y en su mente mediante la memorización. David dice: «¿Con qué limpiará el joven su camino? Con guardar tu palabra... en mi corazón he guardado tus dichos, para no pecar contra ti» (Salmos 119.9, 11). Memorice la Escritura y el poder de la Palabra de Dios comenzará a purificar su manera de hablar. Memorice especialmente versículos que tengan que ver con los problemas que usted tiene. Comience con nuestro versículo clave en Efesios 4.29. Si su problema es la mentira, memorice versículos que hablen del mentir. Si es el chisme, memorice versículos que tengan que ver con ese asunto. La Palabra de Dios empezará a cambiar su lengua.

Dé tiempo a Dios

Cambiar puede tomar tiempo. No espere que su manera de hablar cambie completamente de la noche a la mañana. Es muy probable que su actual forma de hablar la haya ido aprendiendo con el paso del tiempo por lo que el cambio no ocurrirá de la noche a la mañana.

Dios querrá cambiar totalmente su manera de hablar si usted le permite trabajar en su vida. Filipenses 1.6 dice: «El que comenzó en vosotros la buena obra, la perfeccionará hasta el día de Jesucristo». Permítale a él comenzar hoy mismo la buena obra en su lengua.

Cuando yo era joven, tenía una lengua tremendamente filosa. Mis amigos y yo estábamos continuamente provocando conflictos con nuestras palabras viendo quién le ganaba al otro. Por ejemplo, alguien me decía: «Jon, es mejor que no intentes cantar». Yo, entonces, le contestaba: «Claro; sin embargo, cuando tú cantas haces que todos los pájaros del contorno alcen el vuelo». Palabras van y palabras vienen en lo que para nosotros era un juego, nos reíamos todo el tiempo pero interiormente sufríamos cuando nos atacábamos en nuestra frágil autoestima. Después de un tiempo, Dios empezó a trabajar con mi corazón hasta que me di cuenta que no quería seguir hablando de esa manera con los demás. Me arrepentí e inicié el largo camino de la victoria en esta área. Me tomó tiempo vencer aquellos hábitos pero lentamente fui aprendiendo a usar mi lengua para edificar las vidas de otros en lugar de causarles daño.

Mi oración es que hoy mismo usted inicie el mismo proceso en su vida. Es posible que necesite la ayuda de Dios en un área diferente a aquella donde estaba mi necesidad, pero como quiera que sea, el poder de Dios para cambiar sigue siendo el mismo. Al escribir estas palabras estoy orando por usted para que cuando lea esto, Dios le hable a su corazón y empiece a cambiar su lengua. Pase un tiempo con Dios y reflexione sobre cómo hasta ahora haya usado su lengua. Hágalo. Deje el libro a un lado. Dios está listo para reunirse con usted ahora mismo.

ASIGNACIÓN PARA LA ACCIÓN

1. Evalúe el uso de su lengua en cada una de las siguientes áreas. Marque la columna que mejor describa su uso de 1 a 5 (1 es muy malo; 5 es un control absoluto del Espíritu.)

Área evaluada	1	2	3	4	5	Comentario
1. Mentir						
2. Palabras dichas con rabia						
3. Obscenidades						
4. Hablar insensato						
5. Chistes de mal gusto						
6. Hablar demasiado						
7. Zalamerías						
8. Maldecir						
9. Chismes						
10. Calumnias						

2. Vaya ahora a la persona que esté más ligada a usted (su cónyuge, si es usted casado o casada) y pídale que haga la misma evaluación que usted hizo de su forma de expresarse. No le muestre la evaluación que usted hizo. Pídale que sea completamente honesto u honesta. Recuerde: «Fieles son las heridas del que ama» (Proverbios 27.6).

Área evaluada	1	2	3	4	5	Comentario
1. Mentir						
2. Palabras dichas con rabia						
3. Obscenidades						
4. Hablar insensato						
5. Chistes de mal gusto						
6. Hablar demasiado						
7. Zalamerías						
8. Maldecir						
9. Chismes						
10. Calumnias						

3. Después de comparar ambas evaluaciones, ¿cuáles dos áreas necesita mejorar en su vida? _____ y _____. Pídale a su cónyuge (o a la persona que lo evaluó) que ore con usted, pidiendo a Dios que actúe sobre las áreas necesitadas. Ponga una «x» aquí cuando haya hecho esto. _____

4. Piense en las dos áreas mencionadas arriba y que necesitan mejorar en su vida. ¿Cuáles son los factores que han contribuido a su manera de hablar? _____

   ¿Qué problema del «corazón» puede estar relacionado con su manera de hablar? (Orgullo, egoísmo, envidia, lujuria, etc.) _____ Pídale a Dios que cambie su corazón en esta área.

5. Memorice Efesios 4.29 en la traducción que prefiera. Después que lo haya memorizado busque a alguien que lo escuche recitándolo.

Capítulo 6

EL LÍDER Y LA VERACIDAD

¿Cuándo fue la última vez que oyó decir una mentira? Lo más probable es que haya sido hoy mismo a menos que esté leyendo este libro temprano en la mañana. No quiero preguntarle si recuerda cuándo dijo usted una mentira. Las mentiras son parte de nuestras vidas y de nuestra cultura más de lo que estamos dispuestos a admitir. Una encuesta realizada hace poco en Gran Bretaña sobre la moralidad en estos tiempos modernos dio como resultado que, en promedio, la gente miente unas 20 veces al día.[1] La veracidad afecta significativamente nuestro carácter y nuestra capacidad de liderazgo.

La expectativa de ser veraz

La Biblia es clara y enfática en cuanto a esperar que seamos veraces. Aquí tenemos unas pocas de las enseñanzas bíblicas concernientes a la veracidad y a la mentira:

No hurtaréis, y no engañaréis ni mentiréis el uno al otro (Levítico 19.11).

Los labios mentirosos son abominación a Jehová; pero los que hacen verdad son su contentamiento (Proverbios 12.22).

El labio veraz permanecerá para siempre; mas la lengua mentirosa solo por un momento (Proverbios 12.19).

Por lo cual, desechando la mentira, hablad verdad cada uno con su prójimo; porque somos miembros los unos de los otros (Efesios 4.25).

Pero los cobardes e incrédulos, los abominables y homicidas, los fornicarios y hechiceros, los idólatras y *todos los mentirosos* tendrán su parte en el lago que arde con fuego y azufre, que es la muerte segunda (Apocalipsis 21.8, cursivas del autor).

Pero sea vuestro hablar: Sí, sí; no, no; porque lo que es más de esto, del mal procede (Mateo 5.37).

Principios bíblicos de veracidad

Además de los claros mandamientos de la Escritura, encuentro dos principios bíblicos relacionados con la mentira.

El engaño puede ser un pecado generacional

Si no se le ataca a fondo, el pecado de la mentira pasará de una generación a otra. Abraham dijo una media mentira acerca de su esposa, Sara (Génesis 20.1, 12). Su hijo Isaac repitió la misma mentira (Génesis 26.7). Jacob, el hijo de Isaac, le mintió para conseguir la primogenitura que correspondía a su hermano y se hizo famoso por conspirador (Génesis 27). A su tiempo, los hijos de Jacob lo convencieron que un animal salvaje había dado muerte a José (Génesis 37).

Si usted ha crecido en una familia de mentirosos, le va a costar luchar contra este pecado. Cuando el engaño llega a ser un pecado generacional está profundamente enraizado en su vida y solo el poder de Dios puede liberarlo. Mentir puede ser tan habitual que usted puede mentir sin darse cuenta. La buena noticia es que si lucha contra el engaño en su propia vida, estará poniendo un buen fundamento para sus hijos y la generación que sigue.

La verdad y el amor no son incompatibles

Es posible que usted con alguna frecuencia se encuentre atrapado entre decir la verdad y amar a alguien. Muchas veces la gente miente porque cree que una mentira salvará una relación. Le dan más valor al amor que a la verdad. Pero la Biblia enseña que la verdad y el amor pueden y deben ir juntos. En Efesios 4.15, Pablo dice: «Sino que siguiendo *la verdad en amor*, crezcamos en todo en aquel que es la cabeza, esto es, Cristo» (cursivas del autor). No es necesario escoger entre ambos sino que la elección debe ser la *verdad en amor*. Supóngase que mi esposa, al preparar la comida, olvidó la sal. Yo puedo decir: «¡Esta comida sabe horrible!». Y cuando ella manifiesta sentirse ofendida, yo agrego: «Pero es la verdad, y la verdad te hará libre». Sí, es cierto. Yo dije la verdad, pero la dije sin amor. Si aprendo a balancear verdad y amor, podría decir: «Mi amor, gracias por el trabajo que te significó preparar la comida para la familia. Con un poquito más de sal esto sería un festín para reyes».

La dificultad de ser veraz

Digámoslo de una vez: a veces, mentir es mucho más fácil que decir la verdad. La mentira está entretejida en nuestra naturaleza pecaminosa. A los niños no hay que enseñarles a mentir; ellos lo hacen instintivamente cuando perciben que eso les va a otorgar alguna ventaja. Pensemos primero en *por qué* mentimos y luego veamos *cómo* mentimos.

Por qué mentimos

La gente miente por muchas diferentes razones pero todas caen dentro de unas cuantas categorías de tipo general.

Mentir parece ser una solución fácil a su dilema

A menudo mentimos en situaciones difíciles. Usted pudo haber hecho algo mal o no hizo lo que se esperaba que hiciera. Se siente, por tanto, acorralado. La mentira le provee una salida que no le causa dolor. Supongamos que una mañana cualquiera se queda dormido y llega tarde al trabajo. Su jefe no está nada de feliz. Le pregunta: «¿Por qué viene tarde?». Usted tiene dos alternativas. Puede decirle la verdad y enfrentar las dolorosas consecuencias o puede decir una mentira y esperar que con ella se libre de las consecuencias de su llegada tardía.

La mentira tiene su atractivo porque parece ofrecer una vía de escape. Sin casi darse cuenta, se escucha decir: «Se me desinfló una rueda del auto por eso llegué tarde». El jefe queda satisfecho y usted respira aliviado. Todo funciona bien hasta que un compañero del trabajo se ofrece para llevar la llanta a reparar. Entonces, necesita acudir a otra mentira para cubrir la primera y cuando menos se da cuenta, está atrapado en un ciclo de mentiras y tiene que cargar con el engaño a dondequiera que vaya.

La mentira hace que los demás piensen bien de usted

A menudo mentimos para que los demás piensen bien de nosotros. Le da miedo que si se sabe la verdad acerca de lo que usted es o ha hecho le va a afectar negativamente en su liderazgo. Debido a que no está bien plantado en la gracia de Dios necesita la aprobación humana. Quiere aparecer ante los ojos de los demás como un santo porque cree que si la gente realmente lo conociera como es, dejaría de amarle. Así es que recurre a la mentira, exagerando la historia para hacerse aparecer mejor. O diciendo: «He estado orando por usted» cuando no lo ha hecho. Quiere mantener una buena imagen.

Pero, cuando miente para conseguir la aprobación de los demás, lo que está haciendo es exponer su propio sentido de inferioridad. Usted necesita aceptar la gracia de Dios y no preocuparse de lo que los demás piensen. Al hacerlo así, va a descubrir que su sinceridad inspirará a otros a ser sinceros y favorecerá relaciones de amistad más profundas basadas en la gracia en lugar de en el desempeño.

La mentira lo libra de la confrontación

A veces usted miente para evitar confrontar a alguien o a algún asunto. Es posible que tema decirle a otra persona que su forma de actuar no es del todo satisfactoria de modo que se limita a decirle: «Está bien». Quizás tema entrar en una discusión, entonces asume una actitud con la que parece decir que le da lo mismo. Alguien puede hacer cosas que le molestan pero sonríe y se muestra amable con la otra persona como si todo estuviera bien. En estas situaciones, *estamos dando más importancia a la relación que a la verdad.* Pero recuerde que nosotros estamos llamados a «hablar la verdad en amor». Este balance tan sutil entre decir la verdad y la compasión mantiene la integridad de la relación y de la verdad. Usted, con la ayuda de Dios, puede hacer ambas cosas. A menudo, la más grande expresión de amor que puede mostrar es decir siempre la verdad.

Mentir es algo natural

Se miente porque las mentiras surgen espontáneamente de la naturaleza pecaminosa. No se necesita enseñar a los hijos a mentir: eso viene naturalmente. Nadie se inscribe en un curso sobre «El arte de mentir». Heredamos de nuestros padres —y, en última instancia, del diablo— una naturaleza pecaminosa. Para Satanás, la mentira es su lengua materna. Jesús dijo:

> Vosotros sois de vuestro padre el diablo, y los deseos de vuestro padre queréis hacer. Él ha sido homicida desde el principio, y no ha permanecido en la verdad, porque no hay verdad en él. Cuando habla mentira, *de suyo habla*; porque es mentiroso, y padre de mentira (Juan 8.44, cursivas del autor).*

Normalmente, no hay problema alguno en hablar la lengua nativa. Las palabras fluyen naturalmente sin necesidad de pensar en su significado o en la construcción de una frase. De igual manera, cuando el diablo habla, no piensa en mentir porque las mentiras fluyen sin esfuerzo de su boca. La primera mentira en la historia de la raza humana la pronunció cuando dijo a Eva: «No moriréis» (Génesis 3.4). Cuando Eva creyó esa mentira, la lengua nativa de Satanás llegó a ser, aparte de la gracia de Cristo, la lengua nativa de la raza humana.

La naturaleza de Dios, por otro lado, es verdad. De hecho, la Escritura dice que es imposible que Dios mienta. Números 23.19 afirma que «Dios no es hombre, para que mienta, ni hijo de hombre para que se arrepienta. Él dijo, ¿y no hará? Habló, ¿y no lo ejecutará?». En Hebreos 6.18 el escritor del libro confirma esto cuando dice: «Para

---

* Nota del traductor: La versión en inglés usa la expresión *lengua nativa* que resulta más elocuente que *de suyo habla* que es la forma que usa la versión Reina-Valera Revisión 1960.

que por dos cosas inmutables, en las cuales *es imposible que Dios mienta*, tengamos un fortísimo consuelo los que hemos acudido para asirnos de la esperanza puesta delante de nosotros» (cursivas del autor).

Dios *es* verdad. Él dice: «Yo soy el camino, y la verdad, y la vida» (Juan 14.6). La verdad es parte de su identidad y no tiene nada que ver con cosas que están escondidas, tergiversadas o exageradas. Su Palabra es más segura que el más seguro de los contratos terrenales. Su «yo lo haré» significa simplemente eso. Él es un Dios de verdad y nosotros estamos llamados a reflejar su carácter. Cuando mentimos estamos reflejando la naturaleza del diablo.

Mentir es alentado por su cultura

No solo la naturaleza humana tiende hacia la mentira sino que su cultura también hace su parte para hacerlo mentir. Las culturas difieren en sus expresiones de este pecado pero todas manifiestan deshonestidad de una forma u otra. Algunas culturas esperan que todos los políticos mientan. Algunas justifican a los médicos que no dicen la verdad a sus pacientes para no perturbarlos con las malas noticias. Muchas culturas enseñan que es aceptable mentir cuando se trata de la pregunta: «¿Te gusta mi nuevo vestido?». Otros esperan que un trabajador independiente mienta para así conseguir retener a un cliente.

Piense por un momento y reflexione en cómo su cultura alienta la mentira y pídale a Dios que le dé de su gracia para liberarse de esta esclavitud.

Cómo mentimos

Para descubrir en qué manera podemos estar hablando deshonestamente sin darnos cuenta, vamos a reflexionar un poco más sobre cómo mentimos.

Mentiras directas

Una mentira directa contradice abiertamente la verdad. Usted puede decir «Yo no estuve allí» o «Yo no hice eso» cuando en realidad estuvo allí e hizo lo que dijo que no había hecho. En esto es lo primero que pensamos cuando tocamos el tema de la mentira porque es la contradicción más obvia de la verdad.

Exageraciones

Otra forma de referirnos a las exageraciones es «condimentar la verdad» para hacer que la historia suene mejor. A menudo, la tentación a exagerar quiere colarse en mi vida cuando trato de contactar a alguien por el teléfono una o quizás dos veces. Cuando finalmente me contacto con la persona me siento tentado a decirle: «¡He estado todo el día tratando de comunicarme contigo!». ¿Ha sido así, realmente? No, pero lo hago para que la otra persona tenga una mejor opinión de mí. Eso es exagerar la verdad. La preocupación por mi imagen siempre inducirá a la exageración.

A menudo las exageraciones evangelísticas tientan a los líderes de la iglesia. Por ejemplo, en una campaña que usted lleva a cabo 13 personas aceptan a Cristo. Más tarde, alguien le pregunta cómo estuvo el resultado, y usted dice: «Unas 15 personas se entregaron al Señor». ¿Por qué no «alrededor de 10»? ¡Porque 15 lo hace lucir mejor a usted! Comerciantes y empresarios son continuamente tentados a encontrar formas de hacer que los números se vean mejor que lo que son en realidad. ¿Tenemos que exagerar la verdad? Por supuesto que no. La verdad es una sola. Es inflexible y en el momento en que la exageramos, estamos cayendo en una mentira.

Mentir a nuestros hijos

Otra forma de mentir involucra a nuestros hijos. A menudo les decimos cosas que no son verdad. Como padres, es posible que les contemos cuentos fabulosos sobre los orígenes de la vida que no son verdad. Si un hijo o hija pregunta de dónde venimos, le contestamos: «Te compramos en la tienda de bebés» o «Te fuimos a hallar en el hospital». Al crecer, nuestros hijos van a saber que los bebés no se compran en la tienda de bebés por lo que quedará al descubierto que les mentimos. Esto no quiere decir que las historias de fábulas no tengan límite sino que siempre deben contarse como historias de ficción.

Otra forma de falta de honestidad paternal es la amenaza de castigo que nunca se cumple. «¡Si vuelves a hacer eso, te voy a quemar las manos!». O, «¡Si no te portas bien voy a llamar al gigante comeniños para que te venga a comer!». «¡Si dejas de llorar te voy a traer un dulce cuando regrese!». Estas manipulaciones solo lograrán enseñar a los niños a desconfiar de sus padres.

También es muy común usar a los niños para que mientan por usted. Por ejemplo, si llega a la puerta de su casa alguien a quien usted no quiere ver, le dice a su hijo: «Dile que no estoy». Y puede suceder que su hijo vaya a la puerta y le diga al visitante indeseado: «Dice mi papá que no está».

En una variante de esto mismo, es posible que usted mande a su hijo a la tienda con instrucciones para que le diga al tendero que aun no ha recibido su salario y, por lo tanto, no puede pagarle. Pero su hijo sabe que ya lo recibió y, sin decir palabra, estará aprendiendo sus métodos para mentir.

A medida que sus hijos van creciendo, van a ir recordando que usted usó de muchas mentiras con ellos. Esta experiencia no solo les enseñará que la mentira es aceptable y, en algunos casos, necesaria sino que —lo que es peor— perpetuará un ciclo generacional de mentirosos. Sus hijos repetirán las mismas mentiras a sus hijos, quienes, a su tiempo, las repetirán a sus hijos y así por el estilo. Cada generación cosechará los frutos de la deshonestidad de sus padres.

La forma última y más significativa en que usted puede mentir a sus hijos tiene que ver con su identidad. «¡Eres un niño estúpido!». «¡Nunca vas a ser algo en la vida!». «¡Todo lo haces mal!». «¡Eres un inútil!». «¡Eres tan estúpido como tu padre!». Esas frases no solo son mentiras sino que se graban directamente en el corazón de los niños y les hacen un tremendo daño a su autoestima. Su hijo será lo que usted diga que será; por lo tanto, hable con ellos las verdaderas bendiciones de Cristo en lugar de proferir maldiciones.

Falsas impresiones

También se miente cuando se da una impresión falsa. Cuando dice: «Allí estaré» y no tiene la intención de estar allí, usted está dando a alguien una impresión falsa. «Mañana te pago» es a menudo una promesa vacía. Otras veces se da una impresión falsa simplemente quedándose callado con lo cual se hace que los demás crean algo que uno sabe que no es verdad.

Hay ocasiones en que con un testimonio estamos dando una impresión falsa. Decimos: «Estoy bien, soy salvo y me encuentro en victoria en Cristo Jesús» cuando en realidad nos encontramos en medio de luchas que, para ser veraces, nos impedirían decir lo que decimos. Esto no significa que tengamos que compartir con cada persona que conocemos todas nuestras luchas pero sí significa que no debemos, deliberadamente, dejar en otros una impresión de algo que no es.

También se puede dar una impresión falsa permitiendo presunciones equivocadas. Según Génesis 37.22, fue lo que hicieron los hermanos de José. «Y enviaron la túnica de colores y la trajeron a su padre, y dijeron: Esto hemos hallado; reconoce ahora si es la túnica de tu hijo, o no». Con eso no estaban mintiendo directamente, pero indujeron a su padre a creer que su hijo había muerto en un accidente cuando ellos sabían muy bien que tal cosa jamás había ocurrido.

Decir una parte de la verdad puede ser engaño. A menudo solo decimos la parte positiva de algo. Por tal razón, si usted cuenta una historia y luego se da cuenta que lo que dijo no es toda la verdad, o que ha pasado por alto algo importante, debe volver atrás y contar la historia completa.

Hechos 23.27 nos da un ejemplo intrigante de cómo se puede sesgar la verdad para nuestro beneficio. Los romanos apresaron a Pablo y estuvieron a punto de azotarlo antes de darse cuenta que era un ciudadano romano. Más tarde, cuando el comandante tuvo necesidad de enviar a Pablo a otro lugar, dijo: «A este hombre, aprehendido por los judíos y que iban ellos a matar, lo libré yo acudiendo con la tropa, *habiendo sabido que era ciudadano romano*» (cursivas del autor). Es verdad que el comandante había sabido que Pablo era ciudadano romano pero mediante una sutil distorsión de sus palabras, dio la impresión que él había venido en rescate de Pablo *porque* era ciudadano romano. Los hechos, tal como aparecen en el capítulo 22, muestran que el comandante solo descubrió que Pablo era ciudadano romano *después* que había ordenado que lo azotaran. Pero decir eso no lo habría favorecido así es que lo omitió, dando una impresión falsa.

Otro ejemplo bíblico de esto de dar una impresión falsa lo encontramos en la historia de Abraham que registra Génesis 20.2: «Y dijo Abraham de Sara su mujer: Es mi hermana. Y Abimelec, rey de Gerar, envió y tomó a Sara». Al decir es mi hermana, en un sentido era verdad porque Sara estaba emparentada con él (ver Génesis 20.12). No obstante, su intención era engañar.

Guardar silencio

Una de las maneras más simples de mentir en determinadas situaciones es guardar silencio. Aunque generalmente esto se hace a través de dar una impresión falsa, vale la pena darle un tratamiento especial debido a que es una forma muy sutil de mentira.

Guardar silencio ocurre a menudo en una situación en que alguien pregunta: «¿Alguien de los presentes sabe algo acerca del hermano Jaime?». Usted sabe, pero guarda silencio dando la impresión que no sabe nada.

También puede guardar silencio en forma pasiva cuando se da cuenta de un problema y decide quedarse callado en lugar de informarlo o confrontarlo según sea el caso. Por supuesto, saber hacer lo correcto en el momento correcto requiere sabiduría pero nunca deberíamos tener miedo de decir la verdad.

Otra forma en que guardar silencio es falta de honestidad se presenta cuando en una reunión en la cual a cada participante se le pide su opinión antes de hacer una decisión usted no dice nada dando la impresión de que está de acuerdo. Pero cuando la reunión ha terminado, alza su voz manifestando su descontento ante los demás por la decisión tomada. Eso no solo es mentira sino también es deslealtad.

Ganar dinero

A veces los cristianos mienten para ganar dinero. Proverbios 21.6 dice: «Amontonar tesoros con lengua mentirosa es aliento fugaz de aquellos que buscan la muerte». Se puede hacer fortuna mintiendo. Muchos hombres de negocios han basado su éxito mintiendo a sus clientes, a sus acreedores, a los bancos, a sus proveedores.

Es muy fácil decir: «Este producto es de primera calidad» cuando usted sabe que no lo es, o «Estas verduras las compré esta misma mañana directamente del agricultor» cuando sabe que para que parecieran frescas las regó con agua fría. Otra forma muy común de mentir en el mundo de los negocios es: «Se lo tengo sin falta para el viernes» cuando sabe que no podrá tenerlo sino hasta el próximo martes». El comerciante teme que si dice la verdad, el cliente se vaya a otro proveedor así es que, para retenerlo, recurre a la mentira. Todo comerciante quiere que sus ganancias se mantengan altas por lo cual mentir de la forma que sea es tan común.

Con frecuencia, la gente miente para conseguir un trabajo. Falsifican certificados y diplomas, hablan de una experiencia que no tienen o se comprometen a algo que saben que no podrán cumplir con tal de conseguir el empleo. Si lo consideran necesario mienten acerca de su estado matrimonial, el lugar donde nacieron o cualquier otro detalle que pueda aumentar las posibilidades de conseguir el trabajo.

Hemos visto que para mentir no se requiere mucha creatividad. Más sobria es la realidad que mentimos más de lo que confesamos. Esta sección se ha escrito para aumentar su conciencia acerca de las muchas formas que adopta la deshonestidad. A continuación vamos a examinar más detenidamente cómo se proyecta la veracidad.

El «aspecto» de la veracidad

¿Cómo se ve la veracidad en las diferentes áreas de su vida?

En el hogar

En casa, se tiende a bajar la guardia y a relajarse. A menudo,

> Uno de los más grandes regalos que usted puede hacer a su familia es una lengua veraz.

esto significa que mucho de su naturaleza pecaminosa se libera y que su veracidad va a ser seriamente probada en el seno de su familia. Si quiere tener éxito como un líder honesto, primero tendrá que aprender a decir siempre la verdad en el seno de su hogar.

Si se compromete a actuar con la verdad en su casa dirá a sus hijos palabras de verdad. Tendrá siempre expresiones veraces y positivas que serán determinantes para que sus hijos fortalezcan su autoimagen y sentido de seguridad. Usted tiene un inmenso poder para perfilar su futuro mediante las palabras que les dice en el presente. Puede fortalecer su buena imagen en lugar de apresurarse en señalar sus errores. Una afirmación positiva no causará daño a un niño. También debe hablarles de su amor. Todos los padres aman a sus hijos pero pocos se lo dicen. Todos los hijos desean oír que sus padres les digan: «¡Te amo, hijo!».

Si usted toma en serio la veracidad en el hogar, disciplinará a sus hijos cuando descubra que están mintiendo. Demasiado a menudo mentir se ve como una reflexión «graciosa» en la conducta de un adulto en lugar de una reflexión fea del diablo, que es lo que de verdad es. Nunca es demasiado temprano para disciplinar a los hijos por mentir. Pero como toda disciplina, debe hacerse con amor y con palabras y acciones, asegurándose que su hijo entienda con qué seriedad valora usted la veracidad.

La veracidad también le permite a usted ser sincero y franco con su cónyuge. Debe esforzarse por revelarse tal cual es. No debe tratar de encontrar excusas que justifiquen su conducta sino asumir su responsabilidad por algo errado que haya hecho. No debe tratar de esconder el dinero sino decir lo que ha hecho con el que ha gastado. Una esposa jamás debería decir: «Fui al supermercado» cuando en realidad se compró un nuevo vestido. Un esposo dirá cuál es el monto real de su salario y hablará francamente sobre cómo manejar el presupuesto de la casa.

Uno de los más grandes regalos que usted puede hacer a su familia es una lengua veraz.

En el trabajo

Su compromiso con la verdad también deberá probarse en su lugar de trabajo. Ser veraz significa dar a sus jefes una información totalmente correcta. Eso implica negarse a «acomodar» los informes para que proyecten sobre usted una buena imagen. Como empleado honesto, debe dar las razones verdaderas por sus llegadas tardías o por su necesidad de un permiso. Debe ser honesto en cuanto a sus ingresos para los efectos de impuestos. Deberá dar información auténtica sobre los productos que vende. No debe dar una impresión falsa de actividad quitándose el saco, dejándolo en el respaldar de la silla y luego ausentarse durante todo el día. Debe ser exacto en sus informes sobre reembolso de gastos. No debe tomar nada para su uso personal que no pertenezca a usted.

En el trabajo, diga siempre la verdad aun a riesgo de un despido. Trate de cumplir lo que prometió a sus clientes. No recurra a inflar los precios para tener una ganancia mayor sino que venda sus productos a un precio justo tanto para usted como para sus clientes. No intente eludir el pago de impuestos aunque le resulte fácil falsificar las cuentas. Use las pesas y las medidas exactas.

En el liderazgo

Los líderes están llamados a ejercer sus funciones, en todas las áreas, en los más altos niveles de confiabilidad y la veracidad no es una excepción. Lo que el líder dice siempre tiene un impacto especial en las vidas de quienes le escuchan. Por eso, si quieren ser líderes efectivos deben ser extremadamente cuidadosos en comunicar la verdad de una manera positiva. Este es el balance sutil de «la verdad en amor» a la que ya me he referido.

A continuación hay tres «declaraciones de verdad» relacionadas con el liderazgo que pueden guiarnos como líderes a hablar con la verdad a las personas a quienes dirigimos.

1. **Siempre doy a mi gente información confiable**

   Usted tendrá que hacer uso de un buen discernimiento para saber qué necesidades compartir con otros pero lo que sea, *siempre* tiene que ser la verdad. Si Dios espera que usted hable verdad privadamente, también espera que en público sus palabras sean igualmente veraces. Al hacer anuncios como este: «Debido a circunstancias ineludibles, nos hemos visto en la necesidad de cancelar la reunión» no debe usar de excusas engañosas. Si no hizo los planes apropiados, reconózcalo. De alguna manera, quienes lo escuchan llegarán a saber con confianza que todo lo que usted les ha dicho es completamente la verdad.

2. **No voy a retener información innecesariamente**

   A menudo, los líderes ocultan información a las personas a las que dirigen convirtiendo el liderazgo en un misterioso disfraz que excluye a todos excepto a los líderes superiores. Usted dice: «La gente no está capacitada para manejar esta información» o, «No son aun lo suficientemente maduros». ¿Qué tipo de madurez necesita alguien para saber la verdad? Por supuesto, cuando los líderes están discutiendo un caso de pecado u otro asunto delicado necesitan ser cuidadosos sobre cuánta información se puede hacer pública y cuando. Pero muchas de las cosas que tienen que manejar los líderes no son tan delicadas como para no poder compartirla con las demás personas. Permita que sepan lo que usted está haciendo e incluso pídales su ayuda. Cuando hay mucha información restringida, la gente empieza a perder confianza en el líder y surgen los comentarios y los rumores. A menudo, las suposiciones que empiezan a circular causan más daño que si se dijera la verdad. Muchas veces se comete el error de asumir que la gente está totalmente ignorante de determinada situación cuando en realidad saben bastante más de lo que se cree. Quizás en el corazón del líder esté el orgullo como la raíz del problema. Tenga cuidado de no retener demasiada información con la idea de aumentar su propia sensación de autoimportancia.

3. **Voy a asumir la culpa en lugar de echarla sobre otros**
   Esto no significa que usted no tenga que señalar las faltas de otros sino que, hasta donde sea posible, tiene que admitir sus propios errores, en especial cuando afectan a quienes están bajo su liderazgo. Cuando usted, en su condición de líder, comete alguna falta no hay razón, salvo el orgullo, para no admitir la verdad y pedir perdón. Aunque dar este paso resulta difícil y requiere quebrantamiento de espíritu es vital si usted quiere cosechar los beneficios de su actitud veraz.

Los beneficios de ser veraz

Ser veraz luce como algo difícil; sin embargo, el esfuerzo vale la pena. No solo lo hará ser más como Cristo sino que también le da algo indispensable en el liderazgo: confianza. *La confianza es el beneficio de la veracidad*. Cuando usted es coherente en su autenticidad, su beneficio es que los demás le tengan confianza. La confianza no se compra; solo se la consigue siendo un líder auténtico.

Sin la confianza, un líder no puede dirigir. La gente no seguirá de buen grado a un líder en el cual no tienen confianza. Maxwell dice: «Los seguidores no confían en un líder cuyo carácter, para ellos, es dudoso; por lo tanto, no seguirán bajo su liderazgo».[2] Es cuestión de tiempo antes que la gente se aleje de un líder en quien no pueden confiar.

Confianza es un asunto del carácter y tiene que ver con parecerse más a Cristo. Él no solo habló verdad sino que afirmó: «Yo soy... la verdad» (Juan 14.6). Como líder, cuando proyecta el carácter veraz de Cristo, sus seguidores aprenderán a confiar en usted.

Sus seguidores medirán su carácter usando para ello su veracidad. Una falla en su carácter reducirá su habilidad de liderazgo. No puede engañar permanentemente a la gente y esperar que ellos confíen en usted. Trabaje en su carácter. Intente ser una persona más confiable y será un mejor líder. Pregúntese: «¿Me ven las personas de las que soy guía como alguien en quien se puede confiar? ¿Me conocen mis hijos como una persona que dice *siempre* la verdad?».

El camino a la veracidad

¿Cómo se puede llegar a ser una persona que diga siempre la verdad? Hay varios pasos que se pueden dar para llegar a este punto. No son fáciles pero dan resultado. Debido a que con frecuencia la verdad tiene que ver con lo que se dice, los pasos son similares a los que se dan cuando se quiere mejorar el control de su hablar.

Comprométase a ser una persona veraz (Mateo 5.37)

El primer paso tiene que ver con su deseo de serlo. Debe decidirse a ser una persona veraz, no solo que hable verdad sino que viva una vida de verdad. Esto significa un esfuerzo continuo por ser una persona honesta e íntegra con la convicción de que el proceso toma tiempo y requiere esfuerzo para romper la larga cadena de mentiras que han aprisionado su corazón. Será doloroso pero cuando haga el compromiso de enfrentar lo que sea para conseguir lo que se propone no importa el tiempo que se tarde en ello, ser una persona veraz, Dios comenzará a cambiarlo. Su meta es obedecer las palabras de Jesús: «Pero sea vuestro hablar: Sí, sí; no, no» (Mateo 5.37).

Confiese su pecado (1 Juan 1.9)

Segundo, debe reconocer que su mentira es pecado. No es una debilidad ni un problema, sino que es pecado. La solución de Dios para el pecado es la confesión. Él espera para empezar a actuar que usted reconozca su pecado y se humille ante él.

Debe confesar su pecado a Dios y, cuando sea necesario, a otros. A menudo, cuando ha afectado a otra persona mintiendo, el paso más significativo para lograr un cambio es ir a esa persona y pedirle perdón. Es doloroso pero le ayudará para que tome el asunto seriamente y para que la próxima vez lo piense dos veces antes de ceder a la tentación de mentir. Haga una lista de las personas a las que ha mentido y empiece con el caso más difícil: vaya a esa persona y confiese y pida perdón.

Pídale a Dios que cambie su corazón (Lucas 6.45)

Cuando tenga un problema con la verdad, la raíz de ese problema está en su corazón. Lucas 6.45 dice: «Porque de la abundancia del corazón habla la boca». Usted miente porque tiene *miedo* de abrirse a los demás. Miente porque *quiere parecer una persona buena*. Miente porque *no ama lo suficiente* como para confrontar. Cuando tenga un problema con la verdad, examine su corazón. Necesita pedirle a Dios que le practique una cirugía, dándole su corazón tierno y amoroso. Solo entonces, su hablar será totalmente honesto. Cuando Cristo se encarga del pecado que ha echado raíces en su corazón, el fruto (la mentira) pronto desaparecerá.

> Cuando tenga un problema con la verdad, examine su corazón.

Memorice la Palabra (Salmos 119.9, 11)

La mejor manera de cambiar su corazón es dejar que la Palabra de Dios se haga vida en usted mediante la memorización. El salmista David dijo: «¿Cómo puede el joven llevar una vida íntegra? Viviendo conforme a tu palabra... En mi corazón atesoro tus dichos para no pecar contra ti» (Salmos 119.9, 11, NVI). Atesore la Palabra de Dios en su corazón y empezará a cambiar su hábito de mentir. Los versículos al comienzo de este capítulo son un buen lugar para comenzar; hágalo y su lengua empezará a cambiar.

Dele tiempo a Dios (Filipenses 1.6)

Los cambios toman tiempo. No espere que su modo de hablar cambie de la noche a la mañana no obstante que puede iniciar el cambio hoy mismo. Ha pasado toda una vida aprendiendo a mentir bien y necesitará algún tiempo para cambiar. En Filipenses 1.6 leemos: «El que comenzó en vosotros la buena obra, la perfeccionará hasta el día de Jesucristo». Permita que Dios comience hoy mismo la buena obra en usted.

ASIGNACIÓN PARA LA ACCIÓN

1. Califíquese en las siguientes áreas de veracidad en una escala de 1 a 5 con 1 diciendo «No tengo problema alguno» a 5 «tengo serios problemas». ¡Sea sincero en sus respuestas!

	Área	1	2	3	4	5
A	Mentiras directas (decir abiertamente cosas que sabe que son falsas)					
B	Exageración («alterar» la verdad para su beneficio personal, añadiendo cifras o datos)					
C	Mentir a los «hijos» (contándoles historias falsas, llamándolos con nombres falsos, amenazando castigarlos con una intención falsa)					
D	Impresiones falsas (hablar cosas que a los demás puede hacerles creer algo que no es cierto)					
E	Guardar silencio (no decir nada acerca de algo lo que puede llevar a otras personas a conclusiones erróneas)					
F	Mentir con fines de ganar dinero (dando datos alterados acerca de cosas para vender o mintiendo para conseguir un empleo)					

2. Pensando en el cuadro de arriba, ¿acerca de qué áreas le está hablando Dios?

   ¿Qué pasos necesita dar para experimentar cambios en estas áreas? (Al final de este capítulo podrá revisar los pasos para cambiar.)

3. Piense acerca de la forma en que su cultura trata con la veracidad. ¿En cuáles áreas su cultura tolera las mentiras? Haga una lista de a lo menos tres de ellas. Mi cultura alienta la mentira en las siguientes áreas:

a.

b.

c.

4. Ahora, escoja *una* de las áreas que incluyó en la lista anterior. ¿Cuál de las tres escogió? _____ Dé un ejemplo concreto de cómo esta mentira se expresa en las siguientes áreas:

a.   En el mundo de la política

b.   En el seno familiar

c.   En la iglesia

d.   En el mundo de los negocios

5. Piense más acerca de esta área. ¿Cuál cree que es la raíz de esta mentira? En otras palabras, ¿qué motiva a las personas a hacerlo? Trate de ir más allá de la superficie causante de este problema.

Capítulo 7

EL LÍDER Y LA AUTORIDAD

José era un joven con un tremendo celo por servir al Señor. Sintió el llamado para predicar y tuvo una visión de cómo Dios lo habría de usar para cambiar al mundo con sus mensajes. Pero su pastor no le dio oportunidad de predicar en el servicio del domingo en la mañana sino que le dijo que le permitiría predicar a la juventud. José se sintió ofendido por lo que empezó a aceptar invitaciones para predicar en otros lugares. Dios parecía bendecirle mientras usaba sus dones fuera del ámbito de su iglesia.

Después de algún tiempo, se alejó para comenzar su propio ministerio. Varios miembros de la iglesia se fueron con él. Finalmente estableció su propia iglesia. En los primeros años, su esfuerzo prosperó. La gente reconocía en él a su pastor y lo consideraba un hombre de Dios. Pero a medida que pasaba el tiempo, algunos de sus jóvenes no respetaron su autoridad y empezaron a actuar por su propia cuenta. José se molestó y trató de persuadirlos a que se comprometieran con la iglesia. El problema, sin embargo, continuó creciendo hasta que un día más de la mitad de los jóvenes se había ido.

¿Dónde estuvo el problema? José sencillamente estaba cosechando lo que había sembrado en el terreno de la autoridad. Como muchos líderes, no tuvo el entendimiento correcto sobre el asunto espiritual de la autoridad. Sea en el mundo secular o en la iglesia a menudo vemos a la autoridad en una forma negativa. No queremos estar bajo el control de nadie. Nos gusta estar *en* autoridad pero no *bajo* autoridad.

En este capítulo vamos a considerar el asunto de la autoridad desde una perspectiva espiritual y, particularmente, cómo se relaciona con el liderazgo. Nos enfocaremos en las enseñanzas del apóstol Pablo, uno de los más grandes líderes de la historia.

En 1 Corintios 11.1, Pablo dice: «Sed imitadores de mí, así como yo de Cristo». En este corto versículo hay encerrados importantes principios del liderazgo y la autoridad cristianos. Aquí se enseña que el liderazgo empieza con seguir. Pablo dice: «Imítenme, como yo imito». Él pudo llamar a otros a que lo siguieran porque él mismo estaba siguiendo a alguien. Es irónico pero es verdad: *solo los que siguen merecen que se les siga*. Benjamin Franklin dijo: «El que no es capaz de obedecer no puede mandar».[1] Nadie puede estar efectivamente *en* autoridad si no está *bajo* autoridad.

Este es un concepto extraño. Yo pensaba que era un líder porque podía hacer que otros me siguieran. Pero Pablo fue un líder porque primeramente fue un seguidor. Sin sentir vergüenza, dijo a los corintios que lo siguieran así como él seguía a Cristo. Pudo hablar con autoridad porque él estaba bajo autoridad. Reconoció la autoridad de Dios sobre él así como la autoridad de la iglesia. (En Hechos 14.26—15.4 encontramos dos ejemplos de la sujeción de Pablo a las iglesias de Antioquía y de Jerusalén.)

Con demasiada frecuencia tenemos una actitud negativa hacia personas que están en autoridad como si ellos controlaran nuestros movimientos y nos dijeran lo que tenemos que hacer. Pero como líderes, debemos tener un concepto correcto de la autoridad para poder hacer buen uso de nuestra posición de líderes. La Escritura nos da cuatro principios esenciales de autoridad que cada líder debería entender.

Principio 1: La autoridad la pone Dios

Necesitamos reconocer el origen de la autoridad. La Biblia enseña claramente que a la autoridad la establece Dios. Dios no ha puesto «alguna» autoridad sino «toda» autoridad. Romanos 13.1 dice: «No hay autoridad excepto la que Dios ha establecido» (NVI). La idea de la autoridad es de Dios; su plan es que cada uno de nosotros estemos bajo autoridad. Su universo es un lugar de orden y siempre hay una cadena de mando establecida por él. Si usted quiere experimentar paz en su vida, debe primero entender los principios de autoridad establecidos por Dios y adaptarse a ellos. Pablo continúa diciendo: «Las autoridades que existen han sido establecidas por Dios». ¿Cuáles son esas autoridades? Yo creo que Dios ha establecido cuatro principales áreas de autoridad.

En el hogar

El hogar es la primera y quizás la más importante donde Dios ha establecido la autoridad. Muchos problemas familiares vienen por una visión inapropiada de la autoridad. La Escritura enseña que en el hogar, el hombre es el líder y que la esposa está sujeta a esa autoridad. (También enseña que el hombre está bajo la autoridad de Cristo y debe someterse a él. Si el hombre se somete a Cristo, la mujer no tendrá ningún problema en someterse a ellos; es decir, a su esposo y a Cristo.)

Los padres ejercen autoridad sobre sus hijos y Dios espera que estos sean obedientes. Colosenses 3.20 dice: «Hijos, obedeced a vuestros padres en todo, porque esto agrada al Señor». ¿De quién es la responsabilidad de que este versículo se cumpla? Yo creo que es la responsabilidad de los padres, no de los hijos. Una de las cosas más grandes que los padres pueden hacer por sus hijos es enseñarles obediencia y una actitud apropiada hacia la autoridad. Cuando los hijos no aprenden esta lección en el hogar, a menudo tienen problemas en la escuela y en el trabajo. (Para un más amplio estudio del tema le ofrezco las siguientes citas bíblicas: 1 Corintios 11.3; Efesios 5.21–33; Colosenses 3.20; Efesios 6.1–3; 1 Timoteo 3.4; Proverbios 1.8; 3.1–2; 4.1–2; 6.20–23; 7.1–2; 13.1; 15.5; 23.22; Éxodo 20.12.)

En la iglesia

Dios ha establecido a líderes en la iglesia para que estén en posición de autoridad. Hebreos 13.7 dice:

> Obedezcan a sus líderes [de la iglesia] y sométanse a su autoridad. Ellos cuidan de ustedes como quienes deben dar cuenta. Obedézcanles para que su trabajo sea hecho con gozo y no como una carga porque de serlo no será de bendición para ustedes.

Note la cadena de autoridad en este versículo: el pueblo obedece a los líderes y los líderes son responsables ante una autoridad superior. (Ver también 1 Tesalonicenses 5.12–13.)

> Hay personas que no quieren unirse a una iglesia porque no están dispuestos a someterse a la autoridad.

En la iglesia, Dios planeó posiciones de autoridad tales como pastores, ancianos, diáconos, líderes de oración, líderes de grupos pequeños, líderes de jóvenes, etc. Hasta donde sé, cada iglesia tiene algún tipo de jerarquía de autoridad. Los títulos pueden variar de iglesia en iglesia pero todos tienen una cadena de mando.

Hay personas que no quieren unirse a una iglesia porque no están dispuestos a someterse a la autoridad. Van a la iglesia hasta que chocan con los líderes; entonces, sienten el «llamado» para buscar otra iglesia. Estos «turistas espirituales» no entienden el plan de Dios y perderán las bendiciones que Dios ha preparado para ellos.

Si usted es un líder de iglesia, debe estar consciente que Dios le ha dado autoridad a la vez que lo ha puesto bajo autoridad. Fíjese que el versículo en Hebreos dice que los líderes también tendrán que rendir cuentas. El sistema de Dios siempre tiene un orden y aun las personas en la más alta posición de liderazgo en la denominación tendrán que responsabilizarse por su liderazgo.

En el gobierno

Romanos 13.1–7 enseña claramente que Dios ha establecido los gobiernos y que espera que usted se someta a él. Esto incluye a todos los funcionarios propuestos y elegidos. Incluye, asimismo, al policía y al cobrador de impuestos.

Pablo no dice que hay que someterse únicamente cuando estamos de acuerdo con todo lo que el gobierno hace o si no hay corrupción sino que dice, simplemente que usted «debe someterse a las autoridades» (ver también 1 Pedro 2.13–14). Esto incluye pagar impuestos, obedecer las leyes y respetar y someterse a todos los que están en autoridad.

Esta es una enseñanza complicada, especialmente para los creyentes que viven bajo un sistema de gobierno corrupto. Es bueno recordar que cuando Pablo escribió estas palabras estaba preso, detenido por un gobernante injusto y depravado que mató a muchos creyentes. Aun así, él esperaba sumisión al gobierno. Pablo sabía que el gobierno podría retenerlo como prisionero pero de todos modos llevaría a cabo los propósitos de Dios para su vida. Esto no significa que hay que aceptar ciegamente cada cosa que ocurre en el gobierno o callar cuando es necesario denunciar las injusticias. Significa que se debe respetar la autoridad de las personas que Dios pone en posiciones de gobierno.

En el trabajo, en la escuela

Por último, un área donde Dios ha establecido autoridad es la del empleo y la de educación. Muchos de los principios dados en la Escritura para las relaciones esclavo/amo se aplican a nuestros lugares de trabajo o de educación. Directores, profesores, jefes, vicepresidentes, gerentes y supervisores están todos en posición de autoridad.

Dios espera que respetemos a las personas que están en estas posiciones no basados en el carácter de cada uno de ellos sino simplemente por ostentar el puesto que ocupan. 1 Pedro 2.18 dice: «... no solo a los buenos y amables, sino también a los difíciles de soportar». Pablo da instrucciones especiales a aquellos que trabajan para empleadores cristianos. «Y los que tienen amos creyentes, no los tengan en menos por ser hermanos, sino sírvanles mejor, por cuanto son creyentes y amados los que se benefician de su buen servicio. Esto enseña y exhorta» (1 Timoteo 6.2). Algunos versículos para estudio adicional son: Efesios 6.5–8; Colosenses 3.22–25 y 1 Pedro 2.18.

Principio 2: Dios espera sujeción a la autoridad

Debido a que la autoridad ha sido establecida por Dios, la actitud de usted hacia ella es crucial, pudiendo responder a ella de diferentes maneras. Puede *ignorarla*. Puede *rebelarse*. Puede *huir de ella* o puede *someterse*. ¿Cuál es la forma cristiana?

Muchos de los versículos que hemos citado hacen claro que *Dios espera que usted se someta* a la autoridad. «Sométase toda persona a las autoridades superiores, porque no hay autoridad sino de parte de Dios, y las que hay, por Dios han sido establecidas» (Romanos 13.1).

¿Qué quiere decir someterse? Mi definición de sumisión es: *reconocer y respetar la autoridad de quienes están sobre usted y respaldar de buena voluntad su liderazgo.* Sumisión no es solo acatar externamente las exigencias de la autoridad sino que debe ser una actitud del corazón. A veces la rebelión se manifiesta calladamente o incluso con aspecto de sumisión. Es posible obedecer externamente las *órdenes* de alguien que está en autoridad mientras que internamente se niega a reconocer su derecho a dar órdenes.

Se cuenta la historia de un niño que había desobedecido a su madre. Como castigo, ella le dijo que se sentara en una banqueta y permaneciera allí por algún tiempo. Mirando enojado a su madre y de mala manera, el niño se sentó allí donde se le había indicado mientras decía: «Exteriormente estoy sentado, pero *interiormente* sigo estando de pie». Obediencia exterior no es igual a sumisión.

Hay quienes creen que sumisión significa *no disentir de la autoridad.* Pero yo creo que, con todo respeto, se puede no estar de acuerdo y exponer nuestra opinión en una forma apropiada aunque siempre reconociendo el derecho de la persona sobre mí de hacer la decisión final.

Otros piensan que someterse es *un signo de debilidad o inferioridad.* Este pensamiento, sin embargo, es una distorsión de la verdadera sumisión. Jesús, que voluntariamente se sometió al Padre con el fin de dar cumplimiento a un plan divino, es el modelo supremo de sumisión. Como Dios, de Jesús no se puede decir que era inferior o débil pero sí se puede decir que voluntariamente optó por la sumisión. David también se refirió al tema de la sujeción diciendo que a veces las personas superiores deben someterse a otras inferiores. Con su sometimiento al rey Saúl dos veces, negándose a alzar su brazo contra el ungido de Jehová y dejando que Dios lo quitara del poder y le entregara a él el trono, David demostró la importancia de respetar la autoridad aun tratándose de una autoridad injusta.

Someterse es para su bien

Ya que la sumisión es un mandato de Dios, debe ser para bien del que se somete. A continuación hay cuatro de los beneficios de la sumisión según lo describe la Escritura.

1. La sumisión lo pone bajo la protección de la autoridad

Cuando yo me someto a una autoridad me estoy poniendo bajo la protección de esa autoridad. La sumisión a la autoridad es como el paraguas que me protege de la lluvia y de los ardientes rayos del sol. Mientras esté protegido por el paraguas, estoy seguro.

Según los principios bíblicos, las personas en autoridad serán responsables por todos los que están bajo ellos. Así, usted está protegido cuando está bajo autoridad. Esta protección puede ser legal, espiritual, física o social.

Una de las cosas de que la autoridad lo protege es del peligro. Tengo un hijo que está bajo mi autoridad. Le doy instrucciones y espero que me obedezca. ¿Por qué lo hago? Lo hago porque quiero que llegue a ser un adulto maduro y responsable. Quiero que aprenda algunas lecciones importantes de la vida. A veces le doy instrucciones que son para su protección. Le digo: «No juegues en la calle». Cuando crezca, le diré que no cometa fornicación. En la medida que me obedezca, estará protegido del peligro. Si rehúsa obedecer a mi autoridad, lo puede atropellar un automóvil o puede adquirir una enfermedad de transmisión sexual.

Mientras esté bajo mi autoridad yo soy responsable de él y si obedece, estará protegido. Pero si rechaza mi autoridad entonces quedará expuesto a toda clase de tentaciones y circunstancias que no será capaz de vencer. Puede pensar que yo lo estoy privando de su derecho a divertirse. Puede no entender lo que ocurre cuando un automóvil atropella a un niño. Si se rebela y desobedece, aprenderá que la rebelión es peligrosa porque lo deja desprotegido.

Un joven en Sudamérica estaba jugando bajo un árbol. Su padre, que lo observaba, lo llamó: «Hijo, ven acá». El muchacho obedeció de inmediato, sin protestar. En cuanto salió de bajo el árbol, una enorme pitón cayó justo donde había estado jugando. Su obediencia le salvó la vida.

Cuando se somete a la autoridad, usted también está protegido de la culpa. Si su profesor le dice que limpie la sala de clases y viene alguien y le pregunta por qué está haciendo eso, puede decirle: «Porque el profesor me dijo que lo hiciera». Si su jefe le dice que vaya a entregar un paquete y mientras lo hace un policía le pregunta lo que está haciendo, puede decirle: «Mi jefe me dijo que entregara este paquete. Si quiere, hable con él».

Dios no dio autoridad para dominar sino para proteger. En Números 30.1–6 da instrucciones concernientes a todos los que hacen decisiones equivocadas mientras están bajo autoridad. Si están bajo autoridad están protegidos de las consecuencias de cometer errores, ya que los que están en autoridad sobre ellos son los responsables. La autoridad lo dirige y lo protege. Aprenda a valorar el beneficio de la autoridad.

Esto no aplica si le dicen que haga algo que es claramente malo. En tal circunstancia, su reacción debe ser obedecer a Dios antes que a los hombres (Hechos 5.29). Pero en la mayoría de los casos cuando tiene problemas para someterse no es asunto de lo que manda Dios versus lo que manda el hombre sino que, sencillamente, usted no quiere obedecer.

2. La sumisión le da libertad a Dios para que moldee su carácter

La segunda cosa buena que la sumisión hace es que le provee a Dios la libertad para que moldee su carácter. Hay muchas cosas que Dios quiere que usted aprenda para que llegue a ser más como Cristo. A menudo, él decide usar de la autoridad para moldear su carácter.

Quizás Dios vea que usted necesita ser más paciente. Y entonces decide usar a un padre o a una persona en autoridad para lograrlo. Cuando esta autoridad dice «no» a alguna cosa que usted quiere hacer, quizás Dios esté tratando de producir paciencia. Sin embargo, si usted no ve a Dios obrando en algunas de sus situaciones frustrantes, es posible que se vea tentado a rebelarse contra la autoridad y malograr lo que Dios está queriendo hacer para moldear su carácter.

Dios puede permitir que trabaje bajo las órdenes de un jefe difícil para que desarrolle perseverancia. O puede permitir que sus padres sean enérgicos para que aprenda a ser obediente a la voz del Espíritu Santo. Puede y de hecho va a usar a alguien en autoridad para desarrollar su carácter. El escritor de Hebreos dice:

> Por otra parte, tuvimos a nuestros padres terrenales que nos disciplinaban, y los venerábamos. ¿Por qué no obedecemos mucho mejor al Padre de los espíritus, y viviremos? Y aquéllos ciertamente por pocos días nos disciplinaban como a ellos les parecía, pero éste

para lo que nos es provechoso, para que participemos de su santidad (Hebreos 12.9–10).

Antes, en Hebreos 5.8 se dice de Jesús: «Y aunque era Hijo, por lo que padeció aprendió la obediencia». El escritor va aun más allá cuando dice: «Es verdad que ninguna disciplina al presente parece ser causa de gozo, sino de tristeza; pero después da fruto apacible de justicia a los que en ella han sido ejercitados» (Hebreos 12.11).

¿A través de quién o de quiénes viene la disciplina? A menudo viene de aquellos que están en autoridad: el pastor, el profesor, el jefe o los padres. Cuando usted se somete a su autoridad, Dios va a actuar a través de ellos para moldear su carácter de modo que refleje mejor a Jesús.

Aun cuando la autoridad esté equivocada, Dios puede usarlos para moldearlo. Cuando está bajo una mala autoridad, como un cónyuge abusivo o un funcionario corrupto, Dios aun podrá usar su debilidad para perfilar un carácter piadoso en usted si usted le deja llevar a cabo su plan. Esto es así trátese de autoridad cristiana o secular.

Hay quienes pierden esta bendición porque se niegan a someterse a la autoridad, trátese de la madre, de un profesor, del jefe o del pastor. ¿Le parece que usted sabe más que esa autoridad? ¿Ha decidido hacer las cosas por su propia cuenta? Si está en esta posición, necesita ir a aquella persona, pedirle perdón y ponerse voluntariamente bajo su autoridad nuevamente.

Hace un tiempo, recibí una carta de mi sobrina que, siendo una jovencita, está aprendiendo estas lecciones. Estaba trabajando como voluntaria en una organización cristiana cuando me escribió lo siguiente:

En los últimos meses he hecho partícipes a algunos de ustedes de ciertas dificultades en el liderazgo de aquí. Muchas han tenido que ver con caminar humildemente bajo líderes que no han estado liderando... cuando vi cosas que me parecía que Dios quería hacer y cosas que mi corazón anhelaba pero que no estaba en mi mano hacer, me decidí a esperar. En Dios. A orar. A no hablar. A orar y orar.

Y así hice. Durante seis meses estuve clamando a Dios para que cambiara las cosas... mi frustración, mis agravios, mi enojo, etc.... hasta que este verano se hizo la claridad en mi mente, lo cual no fue fácil. Muchas noches en mi cama clamaba porque Jesús viniera en mi ayuda pero él no hacía otra cosa que decirme que lo adorara, lo alabara y le diera gracias y desde esa posición recibiera su esperanza, su perspectiva y confianza para la situación.

Ha sido para mí un tiempo durísimo pero que me ha enseñado más de lo que podía imaginarme en cuanto a líneas de autoridad ungidas por Dios, sobre la sumisión, sobre creerle a Dios... sobre esperar. De manera profunda he aprendido que «el orden establecido por Dios es el mejor». Él pone a sus líderes y quiere que los amemos y oremos por ellos. Cualquiera cosa que yo haga fuera de estas líneas seguras de autoridad, impedirá que la bendición llegue a mí.

Y sigue escribiendo acerca de cómo Dios empezó a moverse y a abrir puertas para ellos en el ministerio. Mediante esta experiencia, recibió entrenamiento de parte de Dios. Esperar la acción de Dios en tales circunstancias es duro y a menudo doloroso, pero «después da fruto apacible de justicia a los que en ella han sido ejercitados» (Hebreos 12.11).

3. La sumisión le provee una oportunidad para que Dios le guíe

A menudo, Dios le da la orientación correcta a su vida mediante personas que están en autoridad. Es muy fácil perderse lo mejor simplemente por no querer reconocer la autoridad; al hacerlo, pierde dejar de beneficiarse de su sabiduría y perspicacia. En lugar de eso, debería negarse a hacer algo que vaya en perjuicio de quienes están en autoridad sobre usted.

Una y otra vez la Escritura ofrece ejemplos de personas en autoridad dando consejos y directrices. En Génesis 24 vemos cómo Abraham ayudó a Isaac a encontrar esposa. En Éxodo 18.13–24 encontramos al suegro de Moisés aconsejando a su yerno. En 2 Timoteo 1.5 vemos cómo Timoteo recibió instrucción acerca de los caminos del Señor por parte de su madre y su abuela. Mucha de la enseñanza en el Nuevo Testamento tanto procedente de Pablo como de otros líderes de la iglesia tiene como finalidad instruir sobre cómo vivir la vida cristiana. Ponga atención a lo que dicen ellos.

Después de ejercer el pastorado por varios años, recibí una invitación para dirigir un nuevo ministerio, el Centro para el Discipulado Cristiano. Después de orar con mi esposa acerca de esta invitación, sentí que aceptarla era ir en la dirección correcta. Pero aun así, acudí a varias personas que estaban en autoridad sobre mí para conocer su opinión. Y consejo. Cada uno confirmó que estábamos en lo correcto al decidirnos a aceptar la invitación. Sentí la dirección de Dios a través de sus palabras de modo que cuando anuncié mi decisión, lo hice con gran confianza que me estaba moviendo dentro de la voluntad de Dios.

Salomón entendió este principio cuando escribió en Proverbios 12.15: «El camino del necio es derecho en su opinión; mas el que obedece el consejo es sabio». Y en Proverbios 19.20: «Escucha el consejo, y recibe la corrección, para que seas sabio en tu vejez».

Hijos, acudan a sus padres buscando consejo. Sean pacientes cuando ellos no aprueben los pasos que quieran dar. Esperen recibir su bendición antes de casarse o comprometerse en un trabajo. Esposas, pídanle a sus maridos, sean o no creyentes, el consejo que necesitan. Dios puede guiarles a través de su vida. Varones, busquen a una persona sabia a la que puedan acudir cuando necesiten un consejo. Busquen consejo antes de comprarse una casa, comenzar un negocio o aceptar una oferta de trabajo. Muchos han aprendido de manera dolorosa que lo que parecía tan atractivo al principio no siempre era lo mejor. Jóvenes: busquen consejo. Los ancianos no son sus enemigos; ellos pueden ayudarles con la sabiduría que dan los años. Dispónganse a sujetarse a la autoridad.

4. La sujeción provee la oportunidad para que la unción de Dios fluya a través de usted

Todo líder cristiano sincero desea ser usado por Dios; que la unción divina fluya a través de su vida. Pero esto ocurrirá solo cuando usted reconozca la cadena de autoridad establecida por Dios y se sujete a ella. Dios es claro en enfatizar y honrar la autoridad.

El Antiguo Testamento ilustra que el patrón del ministerio de Dios está basado en la autoridad. Por lo general, Dios usaba a un profeta, a un vidente o a otra figura en autoridad para llamar a alguien al ministerio. A menudo tal persona era apartada para el llamado divino mediante la aplicación de aceite. Solo a través de la autoridad humana la persona recibía el llamado de Dios y la unción para el ministerio. (Para más ejemplos, ver Éxodo 28.41; 29.7; 1 Samuel 16.12; 1 Reyes 1.34; 19.15 y 2 Reyes 9.3–6.)

> Asuma una actitud de auténtica sumisión para recibir la unción de Dios.

La conexión entre la autoridad y el individuo no termina cuando este recibe la unción sino que Dios espera que cumpla su llamado bajo la autoridad de quien hizo efectivo el llamado. En la medida que opere dentro de los límites de ese llamado y se someta a tal autoridad, Dios lo prosperará.

En Israel, cuando un rey se salía del camino correcto, la persona que lo había llamado para ser rey podía venir y reprenderlo. Cuando Saúl ofreció el sacrificio sin Samuel contrariando sus órdenes, pagó por su rebelión (1 Samuel 15.23–28).

La iglesia del Nuevo Testamento siguió un patrón bastante parecido, reemplazando a menudo el aceite por la imposición de manos. Pablo impuso las manos sobre Timoteo y le otorgó la autoridad de ir y representarlo en las iglesias que habría de visitar (2 Timoteo 1.6). La bendición de Pablo a Timoteo liberó los dones que Dios había puesto en él. En Jerusalén, los apóstoles bendijeron y confirmaron el ministerio de Pedro a los samaritanos y el ministerio de Pablo a los gentiles. Pablo reconoció su responsabilidad no solo ante Dios sino ante aquellos que lo habían enviado. Por eso, entregó informes a los apóstoles en Jerusalén y a la iglesia en Antioquía (Hechos 11.18; 14.27; 15.4; 21.17–19).

Dios usa a los líderes que saben someterse a la autoridad. Él no puede bendecir a los que se rebelan contra la autoridad. Muchos líderes del mundo secular como de la iglesia tienen luchas en sus trabajos tratando desesperadamente de hacer grandes cosas para Dios pero no resisten someterse a las autoridades superiores. Otros lo hacen pero externamente aunque internamente están esperando la primera oportunidad para salirse. Les cuesta obedecer los requerimientos de sus líderes y no los respaldan plenamente ni financiera ni espiritualmente. Para que la bendición de Dios fluya plenamente un líder debe reconocer y someterse a las autoridades puestas por

Dios. Asuma una actitud de auténtica sumisión para recibir la unción de Dios.

Estas son las cosas positivas que ocurren cuando usted obedece las órdenes de Dios de someterse. Vamos a mirar ahora en forma breve lo que ocurre cuando rehusamos someternos.

La falta de sumisión lo pone a usted bajo la ira de Dios

Rebelarse contra la autoridad trae consecuencias serias. Según Romanos 13.1–2, resistirse a la autoridad es rebelarse contra algo que Dios ha establecido. Dice que los que se rebelan «acarrean condenación para sí mismos». 1 Samuel 15.23: «Como pecado de adivinación [o brujería] es la rebelión» (añadido del autor).

¿Es tan seria la rebelión para que se la compare con la brujería? Si usted está participando en brujería está exponiéndose a ataques directos de parte del enemigo; está abriendo la puerta y permitiéndole entrar en su vida con todo su poder e influencia. De igual manera, si en su rebeldía se sale de debajo de la protección ordenada por Dios estará fuera de la protección del paraguas de que hablamos poco antes. Una vez que queda fuera de la protección de Dios, está en el territorio del adversario. Y allí, el enemigo tiene permiso y autoridad para atacarlo. Por eso es que la excomunión de la iglesia equivale a ser «entregado a Satanás» (1 Corintios 5.5).

Hay creyentes que creen que la rebelión es algo sin mayor importancia sobre la cual se puede hasta hacer chistes. Comentarios tales como: «¡No puede decirme lo que tengo que hacer!» o «Yo obedezco solo al Señor» pueden sonar muy inocentes, pero son veneno mortal.

Si usted piensa que hablar mal de las autoridades de gobierno, de su jefe, de su cónyuge, de sus padres o del pastor no es peligroso, recuerde que la Palabra de Dios dice que es un pecado muy serio. Si no, vea lo que dice Números 16 donde encontramos el relato sobre la rebelión de Coré. En esa ocasión, Coré, desafiando con 250 israelitas la autoridad de Moisés, dijo: «Tú no eres nada de especial. Nosotros también podemos hacer lo que tú haces». Él no había reconocido que Moisés había sido puesto por Dios como líder. ¿El resultado? La muerte de más de catorce mil personas. ¡Dios no se agrada cuando a sus líderes se les falta el respeto!

Irrespetar a los padres es igualmente serio y es una violación del quinto mandamiento. (Ver Deuteronomio 5.16 y Efesios 6.1–3.) Este mandamiento tiene una promesa: «Para que tus días se alarguen en la tierra que Jehová tu Dios te da» y también implica una maldición por la desobediencia. En Deuteronomio 21.18–21 Dios establece la pena de muerte para un hijo que se rebele contra su padre y su madre.

Esto nos lleva a un principio extremadamente importante de la Escritura:

Su reacción a la autoridad humana es su reacción a la autoridad de Dios. Piense seriamente en esto. No es posible someterse totalmente a Dios si no se está sometido a la autoridad humana. Si usted se rebela contra un policía, se está rebelando contra una autoridad puesta por Dios. Si desobedece a su jefe está desobedeciendo a Dios. Si se niega a obedecer a su pastor, está resistiendo a Dios.

Quizás usted piense: «No puedo esperar para salirme de bajo la autoridad», o «No hallo la hora de transformarme en un líder para empezar a dar órdenes»; o «¡Cuándo seré un alto ejecutivo!». Tengo algo para usted: Nunca va a poder estar libre de autoridad, así es que vaya acostumbrándose. Dios siempre va a poner otra autoridad en su vida para seguir haciendo su obra en usted.

La falta de sujeción y obediencia en su vida le traerá, por lo tanto, serios problemas. La rebelión lo pondrá bajo la ira de Dios y abrirá la puerta a muchos inconvenientes en su vida. Recuerde que la ley de siembra y cosecha enseña que una persona recogerá los frutos de lo que sembró. Si una persona siembra rebeldía, cosechará rebeldía. Ha habido quienes han rehusado mantenerse bajo autoridad y han comenzado su propia iglesia o su propio negocio. Pronto descubren que las personas que están bajo su mando se rebelan desconociendo su autoridad. Cuando tal cosa ocurre, no están más que cosechando lo que sembraron.

Escuche lo que el sabio Salomón dice en Proverbios 5.11–13: «Y gimas al final, cuando se consuma tu carne y tu cuerpo, y digas: ¡Cómo aborrecí el consejo, y mi corazón menospreció la reprensión; no oí la voz de los que me instruían, y a los que me enseñaban no incliné mi oído!». Desobedecer trae serias consecuencias. La ira de Dios estará sobre quienes se resisten a la autoridad.

Principio 3: Dios le capacita para someterse a la autoridad

A menudo es difícil someterse a la autoridad especialmente para los jóvenes. Pero Dios ha dicho que no exige de usted más de lo que puede hacer con su ayuda. 1 Pedro 5.5–6 exhorta: «Igualmente, jóvenes, estad sujetos a los ancianos; y todos, sumisos unos a otros... porque Dios resiste a los soberbios; y da gracia a los humildes». Dios es capaz de darle a su vida la actitud apropiada hacia la autoridad. Cuando se encuentre resistiendo a la autoridad recuerde que Dios también rechazará su rebeldía pero que si usted es humilde él le dará la gracia que necesita. Pídale esa gracia para someterse a la autoridad. Él gustoso se la dará.

¿Por qué he tomado todo este tiempo para hablar de autoridad basado en la declaración de Pablo: «como yo de Cristo»? Ha sido porque, como líder, usted necesi-

> Solo a los que están bajo autoridad se les delegará autoridad.

ta entender los principios de autoridad de Dios para tener la actitud correcta hacia quienes están sobre usted y bajo usted en términos de autoridad. Solo a los que están bajo autoridad se les delegará autoridad. El tema de la autoridad es a menudo muy difícil de evaluar. ¿Cómo se evalúa usted y a otros en el área de la sumisión?

Seis pruebas de sumisión a la autoridad

1. Los que se someten reciben corrección

Si usted es un seguidor sumiso, aceptará la corrección de parte de la autoridad. Se comportará con un espíritu de respeto y humildad. Se le podrá decir que ha incurrido en una falta. Recuerde que, como líder, usted es también un seguidor. Todavía está aprendiendo y creciendo en Cristo.

¿Cómo reacciona cuando alguien le señala una falta? ¿Trata de defenderse mediante la justificación o se somete y acepta la corrección? Su naturaleza carnal puede alzarse y decir: «¿Quién te crees que eres para venir a corregirme? ¿Te crees perfecto? ¿Qué derecho tienes de decirme lo que hice o no hice?».

Esto no significa que tenga que ser incuestionablemente obediente. A veces la corrección puede estar equivocada o mal planteada. Pero en cualquier caso, su reacción debe ser de humildad y de una disposición favorable hacia la corrección.

Proverbios 15.31 dice que la sabiduría es la recompensa para quienes escuchan la corrección: «El oído que escucha las amonestaciones de la vida, entre los sabios morará». No deseche tontamente la reprimenda o el consejo de otros, especialmente de quienes tienen más experiencia y mayor autoridad.

2. Los que se someten admiten sus errores

Si usted es un seguidor, deberá estar anuente a admitir sus errores. El mundo enseña que *los líderes no se equivocan y si se equivocan, no lo admiten*. Pero esta actitud solo produce líderes arrogantes que no pueden someterse a otros. Tales líderes creen que no tienen que darles cuenta a nadie. Como líder cristiano usted debería estar en condiciones de decir: «Lo siento, me equivoqué».

3. Los que se someten no «se enseñorean» de otros (1 Pedro 5.3)

Ya hemos visto la enseñanza de Jesús sobre el servir. Un siervo reconoce la autoridad y se espera, por lo tanto, que no abuse de quienes están bajo él. No exigirá ni obligará. No usará su posición para beneficio personal. Si usted tiene la actitud de un seguidor será menos que probable que abuse de su autoridad respecto de otras personas. No tratará de dominar a nadie ya que sabe que usted mismo es un seguidor. La sumisión nos capacita para no «enseñorearnos» de otros.

4. Los que se someten se hacen a ellos mismos responsables

Es difícil para un líder rendir cuentas a menos que reconozca que él también es un seguidor que está bajo la autoridad de otra persona. Alguien que se somete no tiene problemas en permitir que la autoridad lo responsabilice. Un trabajador sumiso rendirá gustoso un informe fidedigno a su supervisor. Una esposa que se somete no tendrá problemas en compartir con su marido lo que está haciendo o en qué forma está gastando su dinero. Un joven líder sumiso no lucha con la idea de informar o no de sus planes al pastor jefe. Un feligrés sumiso podrá fácilmente acudir a su pastor para explicarle por qué no estuvo en el servicio del domingo. Un pastor sumiso no dudará en informar de sus actividades a su supervisor o a su obispo. Todo líder debería ser responsable ante alguien.

5. Los que se someten son leales

Los que se someten a la autoridad son leales a esa autoridad. Lealtad simplemente quiere decir que usted estará siempre al lado de su líder. En las buenas o en las malas. Significa que defenderá la reputación de sus líderes y hablará bien de su organización.

Ser leal no quiere decir que siempre se tiene que estar de acuerdo en todo. Contrariamente al estilo del mundo, se puede disentir de alguien que está sobre usted y aun ser leal. El mundo interpreta cualquiera diferencia entre el líder y el seguidor, por pequeña que sea, como una traición y falta de lealtad. Pero no siempre dos personas pueden estar de acuerdo. Como personas diferentes con mentalidades diferentes, veremos y entenderemos las cosas en forma diferente. Es más, seguramente nadie puede esperar estar de acuerdo con cada decisión que hagan los líderes.

Lealtad significa que cuando no está de acuerdo en algo, usted en forma respetuosa expondrá al líder su punto de vista pero siempre con la disposición de acatar la decisión aun cuando no sea la suya. Yo creo que disentir franca y respetuosamente con cualquiera autoridad que sea muestra más lealtad que una desaprobación secreta.

Hay quienes asisten a reuniones y se mantienen callados cuando se toman decisiones pero después expresan su desacuerdo por lo que se aprobó. Tales personas no son capaces de ser seguidores incondicionales. Cuando tal cosa ocurre, no se trata de deslealtad sino de rebelión. En casos así la persona tendría que optar por ser leal o salir de la organización.

> Yo puedo no estar de acuerdo con alguien que está sobre mí y aun ser leal.

6. Los que se someten son respetuosos

La Biblia dice: «Os rogamos, hermanos, que reconozcáis a los que trabajan entre vosotros, y os presiden en el Señor» (1 Tesalonicenses 5.12). Este versículo habla especialmente sobre los líderes de la iglesia pero se aplica a todas las personas que están en autoridad.

Los líderes merecen respeto. Ser líder es difícil y demanda trabajo. Hay que estar dispuesto a sacrificar tiempo y energía. Los líderes deben asistir a muchas reuniones, deben visitar a personas que necesitan que se les visite, y tienen otras tareas de diversa índole. Además, tienen que atender a las necesidades de sus seguidores las que a menudo son agotadoras. El respeto que los líderes se merecen es una forma de reconocerlos por el trabajo que realizan.

Pero los líderes no solo merecen respeto por lo difícil de su trabajo sino también porque el Señor les ha dado una posición de autoridad. Tal posición no quiere decir que sean mejores o más educados que usted. Simplemente significa que se les debe respeto por la posición que ostentan.

Sin el respeto de los seguidores, un verdadero liderazgo es prácticamente imposible. Si usted no respeta a sus líderes está conspirando para su caída. Ellos necesitan de su respeto. *Déselos.* Si decide voluntariamente respetar a sus líderes, ellos no tendrán necesidad de pedirle que los respete.

1 Tesalonicenses 5.13 dice: «Y que los tengáis en mucha estima y amor». El mandato es respetar la posición sin importar quien sea la persona que la ostenta. De nuevo, esto no significa que hay que estar de acuerdo con cada cosa que el líder dice o hace. Y, por supuesto, no se pasará por alto el pecado en sus vidas. Pero se les debe tener en la más alta estima. ¿Qué significa esto y cómo se puede lograr?

a. El respeto se demuestra al controlar la lengua

Una de las mejores formas en que puede mostrar respeto a la autoridad es controlando su lengua. Comprométase a no hablar mal de ninguno de los líderes de la iglesia, de su familia, de su trabajo o del país. Este compromiso no puede ser sino individual. Un compromiso para cada líder. No los ponga a todos juntos ni compare a uno con el otro.

No hable mal de los líderes de su iglesia delante de sus hijos. Algunos padres vuelven a casa después del servicio del domingo y se dedican, al frente de sus hijos, a «asar al Pastor» para servírselo al almuerzo. Los que hablan mal de los líderes de la iglesia hacen más daño que si alguien viniera con un buldócer a derribar las murallas del templo. La misma cosa ocurre en muchas oficinas de personal o comedores de corporaciones.

b. **El respeto se demuestra siguiendo en forma espontánea**

Usted está demostrando respeto por sus líderes cuando está dispuesto a seguir su visión y acatar sus instrucciones. Haga lo que le corresponda hacer sin resistirse. Si no está de acuerdo con alguna idea, discútala de buena manera con su líder en lugar de aparentar estar de acuerdo. Para un líder es muy desalentador trabajar duro en un proyecto con poca o ninguna ayuda de su gente.

Hebreos 13.17 dice que usted debería obedecer a sus líderes para que su trabajo «lo hagan con alegría, y no quejándose, porque esto no os es provechoso». Su líder se alegrará cuando usted lo siga y apoye con buen ánimo, sin quejas ni protestando ni desanimando a los demás.

Principio 4: Dios nos da el ejemplo de sumisión a la autoridad

Dios no solo ha establecido la autoridad y espera y capacita para que nos sometamos a la autoridad, sino que nos da el ejemplo más claro de sumisión. Lo hace a través de Cristo y a través de Pablo, quien dijo: «Sed imitadores de mí, así como yo de Cristo» (1 Corintios 11.1).

Jesús se sometió a Dios

En todas las áreas de su vida, Jesús es el modelo perfecto para usted. De igual modo, en esta área de sumisión, debería imitarlo a él. Pablo hizo claro que él seguía a Cristo como el ejemplo para una vida plenamente sometida al Padre. En Filipenses 2.1–11, nos ofrece un cuadro gráfico de los detalles y los resultados de la sumisión a Cristo.

Jesús escoge someterse

Jesús escoge someterse. Pablo afirma claramente que Jesús no pensó en que su condición de igual a Dios era algo a lo que podía aferrarse. Pudo haber exigido que se respetaran sus derechos y pudo haberse rehusado a ceder en su posición. Pero escogió, voluntariamente, humillarse y sujetarse al Padre. De igual manera, su sumisión es algo que usted tiene que escoger voluntariamente. La verdadera sumisión no se fuerza sino que se abraza de buena voluntad.

Jesús se sometió completamente

Cuando Jesús decidió someterse al Padre, no lo hizo solo en forma parcial sino que decidió someterse completamente, hasta la cruz. Pero aun antes de la cruz, su decisión de someterse a la voluntad del Padre no fue nada de fácil. Primero se hizo hombre, un paso de humildad que requería que renunciara al poder y privilegios de su posición celestial. Pero no solo adoptó la condición de hombre sino que fue un siervo, la posición más baja en la escala social. Luego, se sometió a la muerte de cruz, la forma más vergonzosa y humillante. En el huerto, libró y ganó su batalla final en cuanto a someterse cuando oró al Padre, diciendo: «Que no se haga mi voluntad, sino la tuya» (Lucas 22.42).

Usted tiene que decidir si su sumisión será completa o solo parcial; tiene que escoger entre seguir con todo el corazón o solo de labios; si va a seguir cuando todo es fácil o seguirá sometido cuando las demandas sean más difíciles.

La sumisión de Jesús tuvo su recompensa

La belleza de la sumisión de Jesús está en que fue ricamente recompensado por eso. «Por lo cual Dios también le exaltó hasta lo sumo, y le dio un nombre que es sobre todo nombre» (Filipenses 2.9). Debido a que Jesús se sometió para llegar a ser un siervo, Dios lo exaltó. Jesús renunció a su título pero después se le dio el más alto título. Abandonó su posición solo para recibir la más alta. Dobló la rodilla en sumisión y vendrá el día cuando toda rodilla se doblará ante él. Renunció a su autoridad y ahora nosotros reconocemos su autoridad.

También en su vida, Dios le retribuirá por su sumisión genuina. En la medida que se someta verdaderamente, él moldeará su carácter, someterá a prueba su corazón, desarrollará su llamado y luego lo usará en una manera tal que usted nunca se habría podido imaginar.

Cuando le parezca difícil someterse, piense en Jesús. Él lo hizo y vive como un ejemplo, como garantía de que usted también se puede someter. En todos los aspectos de su vida y, por supuesto, en una función de liderazgo, su meta deberá ser imitar a Jesús; desear ardientemente llegar a ser como él en pensamiento, en acción, en palabra. Él es su ejemplo de sumisión.

Pablo se sometió a Cristo

Pablo es otro ejemplo de la belleza de la sumisión. En 1 Corintios 11.1 dice: «Sed imitadores de mí, así como yo de Cristo». Él no dice que siguió a Pedro; no dice que siguió el ejemplo de Santiago; él siguió a *Cristo*. Como líder, usted trabaja bajo alguna autoridad humana y seguramente que es desafiado por sus vidas pero su enfoque debe estar siempre en Cristo Jesús.

Recuerde que, por supuesto, Pablo reconoció claramente la autoridad tanto divina como humana y se sometió a los líderes humanos. Regularmente estaba informando a su iglesia madre en Antioquía y cuando se presentó un peligro de división allí, se sometió al Concilio de Jerusalén (ver Hechos 15). La vida de Pablo muestra las mismas características de la sumisión de Jesús.

Pablo escogió someterse

Cuando Pablo dijo: «Así como yo...» está implicando una decisión personal. Es cierto. Jesús lo llamó en una forma dramática pero aun así, tuvo que tomar la decisión de someterse a ese llamado. Él decidió estar «crucificado con Cristo» (Gálatas 2.20).

Pablo se sometió completamente

Pablo se comprometió completamente a seguir el «ejemplo de Cristo» (1 Corintios 11.1). La pasión de su vida llegó a ser «conocer a Cristo y la participación de sus padecimientos» (Filipenses 3.10). Él estaba preparado para seguir a Cristo hasta la muerte. En Hechos 20.24, dice: «Ni estimo preciosa mi vida para mí mismo, con tal que acabe mi carrera con gozo, y el ministerio que recibí del Señor Jesús, para dar testimonio del evangelio de la gracia de Dios». Esa es sumisión total al llamado de Cristo.

A menudo, Pablo se refería a sí mismo como un «siervo de Cristo Jesús». Se definía como un siervo bajo la autoridad de Jesús. Pudo haber hecho alarde de sus títulos y posición, del impacto impresionante de su ministerio pero en lugar de eso decidió ser «el último de los apóstoles» (1 Corintios 15.9). Esto es sumisión absoluta.

La sujeción de Pablo tuvo su recompensa

Como Jesús, Pablo recibió una recompensa por su sometimiento. Este pasaje ilustra, precisamente, dos formas en que la sujeción de Pablo recibió compensación.

1.   La vida de Pablo llegó a ser un modelo a imitar

Debido a que Pablo sirvió bajo autoridad, pudo decirles a otros que siguieran su ejemplo. Su vida llegó a ser modelo para la iglesia terrenal y aun hoy sigue siendo un modelo a imitar. Él no fue un líder que se limitó a decir con palabras a otros lo que tenían que hacer; les habló con su vida, sirviendo de esta manera como un ejemplo poderoso. ¿Por qué? Porque llegó a ser como Cristo y se sometió voluntariamente a Cristo.

Cuando usted imita a Cristo sometiéndose a su autoridad y, paralelamente, a las autoridades humanas, su vida llega a ser un modelo que otros querrán imitar.

2.   El llamado de Pablo llegó a ser un método

Pablo hizo un llamado a los corintios para que lo imitaran (11.1). A otros los animó a que actuaran, se movieran, progresaran. El liderazgo tiene la habilidad de influenciar a otros. Usted no puede considerarse un líder si no hace impacto en las vidas de otras personas. En este pasaje, Pablo el líder presenta el llamado a los que le siguen. En sí mismo, esto no es importante; es en el contexto de sus palabras donde radica la importancia. Así como Pablo es modelo en este pasaje, el llamado a otros debe venir después de que usted se haya constituido en ejemplo desde su propia vida y después que haya imitado a sus propias autoridades.

Aquí es donde muchos líderes se equivocan. Creen que su posición o sus títulos los habilitan para mandar a otros. Basan su autoridad en su posición en lugar de en su sumisión. Pero el método de Pablo enseña que *la verdadera autoridad viene solo cuando hemos aprendido las lecciones dolorosas de la sujeción*. La autoridad de un líder emana de una vida que primeramente está enfocada en Dios y se somete a las autoridades y luego, sirve de modelo para servir con la mejor buena voluntad.

Usted podrá influir grandemente las vidas de otros después que haya aprendido a imitar a la autoridad y sea ejemplo de un estilo de vida piadoso. Solo entonces podrá esperar que otros lo imiten y los convoque a la acción. Este es, entonces, el camino al liderazgo: primero, someterse a Dios, luego, someterse a quienes él ha puesto en autoridad sobre usted; viva su vida como un modelo para otros y luego llámelos a que lo sigan.

Pablo fue recompensado por su sumisión. Su sumisión le dio poder y autoridad para continuar hablándonos el día de hoy, muchas generaciones después. ¿Cómo responde usted a la autoridad? ¿Se somete a aquellos que están sobre usted? ¿Pretende ejercer autoridad sin estar sometido a la autoridad? Revise en actitud de oración este capítulo y deje que Dios se encargue de cualquiera rebelión que haya en su corazón. Acérquese a aquellos contra quienes se haya rebelado y pídales que lo perdonen. Completar la asignación para la acción le ayudará a continuar creciendo como líder bajo autoridad.

ASIGNACIÓN PARA LA ACCIÓN

1. Haga una lista de las personas que están en autoridad sobre usted en cada una de las áreas siguientes (escriba por lo menos un nombre en cada categoría):

Hogar   Iglesia   Gobierno   Trabajo/Escuela

2. ¿En cuál de estas áreas resulta para usted más difícil someterse? _____ ¿Por qué? _____

3. Revise la enseñanza acerca del área que usted señaló en la pregunta anterior. Revise todas las citas bíblicas anotadas para esa área, escoja una cita y memorícela. Después de haberla memorizado, espere veinticuatro horas y dígasela a alguien para estar seguro que la memorizó bien.

4. Estudie con detención las seis pruebas de sujeción a la autoridad que encontrará más abajo y evalúese usted a usted mismo marcando el cuadro correspondiente. ¿No tiene problemas con esta área? ¿Tiene a veces algún problema? ¿O necesita trabajar duro con esta área?

Área de sumisión	Sin problema	A veces hay problema	Necesita trabajar duro
Se me puede corregir			
Puedo aceptar mis errores			
No me enseñoreo de nadie bajo mi autoridad			
Soy responsable ante los que están sobre mí			
Soy leal a los que están sobre mí			
Soy respetuoso de los que están sobre mí			

5. ¿En qué manera Dios le ha hablado acerca de esta área de autoridad?

6. ¿Qué medidas prácticas puede adoptar que le ayuden en aquellas áreas donde necesita mejorar? (Haga una lista de las medidas que puede adoptar. Por ejemplo: hable con su líder sobre usted y pídale que lo perdone, memorice más versículos referentes a la autoridad, cambie la forma en que habla sobre las personas que estén en autoridad, busque a alguien que sea responsable ante, etc. No diga: «Voy a orar acerca de esto» o «Voy a pedirle a Dios que me ayude».)

Marque aquí con una X después de haber completado uno de los pasos que ha escrito abajo: _____

Capítulo 8

EL LÍDER Y EL PERDÓN

Simón y Josué eran grandes amigos. Pasaban mucho tiempo juntos y les gustaba salir a caminar. Se retaban mutuamente en cuanto a crecer en su fe en Cristo y así, disfrutaron durante varios años de compañerismo. Un día, Simón conoció a una muchacha y pronto comenzaron una relación amorosa. A Josué no le gustó verse desplazado así es que adoptó una actitud de rechazo hacia la joven. Su disgusto llegó a tal punto que empezó a propalar un rumor según el cual Simón y la joven estaban teniendo relaciones sexuales. Cuando el rumor llegó a oídos de Simón, este se puso furioso y prometió que jamás perdonaría a su amigo por lo que había hecho. Terminaron su amistad y aun después de varios años siguen sin perdonarse.

El perdón. ¡Qué difícil palabra para Simón! Para él como para cualquier seguidor de Cristo, el concepto de perdón es más fácil decirlo que practicarlo. Nos gusta que nos perdonen y nos da mucho gozo que, en Cristo, Dios nos haya perdonado de todos nuestros pecados. ¿Pero cuántos de nosotros podríamos decir sinceramente: «No hay nadie que me haya hecho mal a quien yo no haya perdonado»?

Mi propósito en este capítulo es traerte a este punto, querido lector.

Sería lindo si aquellos a quienes se les ha perdonado mucho, perdonaran también, mucho. Lamentablemente, este no es el caso. Muchos,

muchos creyentes como Simón y Josué llevan con ellos amarguras y resentimientos a lo largo de todas sus vidas. La falta de perdón no solo es un pecado sino que también es una enfermedad paralizante, especialmente para un líder.

Perdón es una palabra que usamos mucho pero cuyo significado resulta a menudo poco claro. ¿Qué es lo que en realidad significa perdonar? El diccionario la define como «remisión de la pena merecida, de la ofensa recibida o de alguna deuda u obligación pendiente».[1]

Nótese que esto no significa que lo que la persona nos hizo haya estado bien. De lo que se trata aquí es de la forma en que respondemos a la ofensa. Es importante darse cuenta que con perdonar no se pretende que lo que se nos hizo sea aceptable o que el ofensor merezca ser perdonado. Con frecuencia se confunden estos conceptos y alguien se niega a perdonar a otro porque le parece que cuando se le perdona, la acción equivocada de la otra persona está siendo justificada o eximida de culpa.

Sin embargo, cuando usted perdona, lo que está haciendo es transfiriendo a Dios la responsabilidad del castigo. Será Dios el responsable de tratar con la persona ofensora. La responsabilidad suya es la de perdonar. Perdonar es una decisión consciente que usted puede hacer. En mi libro *Free at Last* [Al fin libre] doy esta definición operacional de perdón:

> Perdonar es una decisión que hacemos; es una acción de nuestra voluntad; no de nuestros sentimientos. Si usted va a esperar hasta sentirse listo para perdonar, nunca lo hará. Perdonar es una decisión que nosotros hacemos sobre la base de lo que Dios ha hecho al perdonarnos a nosotros. No significa que vamos a olvidar lo que se nos ha hecho sino que liberamos a la otra persona. Al hacerlo, ya no nos puede controlar ni traer a nuestras vidas confusión o dolor.[2]

Jesús enseña acerca del perdón a través de la impresionante historia que encontramos en Mateo 18.21–35, la parábola del siervo despiadado. Lea la parábola ya que es el fundamento bíblico de este capítulo y una buena ilustración de lo que les ha pasado a muchos cristianos. Después de leerla, reflexione sobre ella.

La historia enseña que a usted le han perdonado una multitud de pecados. Usted es el siervo de la historia y Dios es el señor. Él le ha perdonado porque sus deudas han sido tantas que han excedido su capacidad de pagarlas. Pero en su misericordia, Dios le ha perdonado.

¡Qué alegría debe de haber experimentado el siervo cuando salió de la oficina de su patrón con la deuda perdonada! Y cuán contento tiene que haberse sentido usted cuando se dio cuenta que Cristo había perdonado sus pecados. Pero si usted no perdona a otra persona llega a ser como aquel siervo que fue inflexible con aquel que le debía dinero. Y Cristo lo tratará a usted tal como el patrón aquel de la historia trató al siervo mal agradecido. Se indignó por haberse negado a perdonar a aquel al que terminó mandándolo a la cárcel.

Con esta historia como telón de fondo, examinaremos cinco principios bíblicos sobre el perdón.

La exigencia de perdonar

¿Es el perdón realmente una exigencia para el cristiano o no es más que una opción? Los mandatos de Jesús, su ejemplo y otros pasajes de la Escritura no dejan dudas de que el perdón es una exigencia para todo cristiano.

Los mandatos de Jesús

Jesús manda a perdonar. Ya hemos visto, aunque superficialmente, la parábola de un siervo intolerante. Aquí voy a llamarle la atención a dos enseñanzas adicionales de Jesús sobre el asunto del perdón.

La primera la encontramos en el Padrenuestro:

Y perdónanos nuestras deudas, como también nosotros perdonamos a nuestros deudores. Y no nos metas en tentación, mas líbranos del mal; porque si perdonáis a los hombres sus ofensas, os perdonará también a vosotros vuestro Padre celestial; mas si no perdonáis a los hombres sus ofensas, tampoco vuestro Padre os perdonará vuestras ofensas (Mateo 6.12–15).

Este concepto es tan radical que a menudo hay quienes tratan de encontrarle a este pasaje otra interpretación. Seguramente que para Jesús no hay otra interpretación. Eso es claro.

Dios no nos perdonará si nosotros no perdonamos

Tom Eliff dice: «Quien no puede perdonar, rompe el puente por el cual debe pasar si quiere llegar al cielo; porque todos tienen la necesidad de ser perdonados».[3]

Un segundo lugar donde Jesús enseña claramente sobre la necesidad de perdonar lo encontramos en Mateo 5.23–24: «Por tanto, si traes tu ofrenda al altar, y allí te acuerdas de que tu hermano tiene algo contra ti, deja allí tu ofrenda delante del altar, y anda, reconcíliate primero con tu hermano, y entonces ven y presenta tu ofrenda».

Este versículo está indicando que Dios está más preocupado por tu relación con los demás que por tu adoración. No lo alegran manos alzadas y corazones amargados; ni diezmos u ofrendas que vienen de personas que no pueden amar o ni siquiera hablar con otros. Él desea gente de perdón y de reconciliación.

El ejemplo de Jesús

Jesús no solo enseñó sobre el perdón sino que mostró perdón. El mejor ejemplo de esto es su oración cuando estaba en la cruz: «Padre, perdónalos, porque no saben lo que hacen» (Lucas 23.34). No es fácil perdonar a los que te matan. Pero Jesús lo hizo y a nosotros se nos ha mandado seguir su ejemplo.

Otros mandamientos bíblicos

Hay otros pasajes en la Escritura que también mandan claramente a perdonar. En Romanos 12.18 Pablo escribe: «Si es posible, en cuanto dependa de vosotros, estad en paz con todos los hombres». Dios no lo obliga a responsabilizarse por circunstancias que están fuera de su control pero sí espera que haga la parte que le corresponde para restablecer cualquiera relación en su vida. Esto implica pedir perdón o perdonar.

En Colosenses 3.13 Pablo agrega: «Soportándoos unos a otros, y perdonándoos unos a otros... de la manera que Cristo os perdonó». De nuevo, Jesús es su modelo de perdón y usted tiene que hacer lo que él hizo. De igual manera, Pablo dice en Efesios 4.32: «Antes sed benignos unos con otros, misericordiosos, perdonándoos unos a otros como Dios también os perdonó a vosotros en Cristo».

Dios es claro en cuanto a demandar de usted que perdone. No se trata de una sugerencia ni de algo por lo cual orar sino que es una orden que hay que obedecer.

Razones para perdonar

Si los mandamientos escriturales no fueren suficientes, los efectos de no perdonar ofrecen algunas de las razones más poderosas para perdonar. A lo menos cuatro áreas de su vida se ven afectadas cuando usted se niega a perdonar.

La falta de perdón lo afecta espiritualmente

Su vida espiritual es la primera área que se ve afectada cuando usted se rehúsa a perdonar a otros. Perdonar es, primordialmente, un acto espiritual que afectará, por lo tanto, su espiritualidad. No perdonar afecta su relación tanto con Dios como con su enemigo.

Cuando usted no perdona a otros, Dios no lo perdona a usted. Esta es una verdad difícil pero la Escritura la enseña con toda claridad. En Mateo 18, el siervo perdió el perdón de su señor cuando no quiso perdonar a su deudor. En el Padrenuestro, Jesús dijo: «Si perdonáis a los hombres sus ofensas, os perdonará también a vosotros vuestro Padre celestial; mas si no perdonáis a los hombres sus ofensas, tampoco vuestro Padre os perdonará vuestras ofensas» (Mateo 6.14–15). Es un precio muy alto para pagarlo.

¿Podría ser mejor que guarde rencor contra alguien cuando eso va a significar que Dios no le perdonará sus propias ofensas? Yo no sé en cuanto a usted pero en cuanto a mí, yo quiero que mis pecados sean perdonados.

No solo está arriesgando el perdón de Dios por no perdonar a su prójimo, sino que está permitiendo a Satanás que entre a su vida. Cualquier pecado no perdonado da a Satanás un punto de apoyo en su vida. (Si quiere ver un ejemplo de cómo ocurre esto con la ira, lea Efesios 4.26–27). 2 Corintios 2.10–11 se refiere a no perdonar como una de las estratagemas del diablo.

Pablo dice: «Y al que vosotros perdonáis, yo también; porque también yo lo que he perdonado, si algo he perdonado, por vosotros lo he hecho en presencia de Cristo, para que Satanás no gane ventaja alguna sobre nosotros; pues no ignoramos sus maquinaciones» (2 Corintios 2.10–11).

¿Cuáles son las maquinaciones del diablo? Él desesperadamente quiere que usted no perdone. Cuando en su corazón usted decide no perdonar está dando al diablo una puerta amplia para que entre a su corazón. Y después que entra, empieza a lanzarle un arsenal de ataques que le causan daño en muchas otras áreas de su vida. (Para entender mejor este concepto, ver mi libro *Free at Last.*)

La falta de perdón le afecta físicamente

El no perdonar afecta también su cuerpo físico. En el caso del siervo de Mateo 18, fue echado físicamente a la cárcel para recibir castigo corporal. Enojos no resueltos hacia otra persona son veneno mortal para su cuerpo. S.I. McMillen y David Stern han escrito: «Ataques de ira pueden provocar náuseas, vómitos, espasmos, estreñimiento y diarrea... Largos enojos acortan la vida».[4] El cuerpo humano simplemente no está diseñado para manejar la falta de perdón.

La falta de perdón le afecta emocionalmente

La falta de perdón también afecta las emociones. Cuando usted se niega a perdonar, se está haciendo esclavo de emociones negativas tales como la ira, los celos y las amarguras. El siervo en Mateo 18 manifestó estas emociones al agarrar por el cuello al siervo que le debía. Estaba furioso y le gritó palabras amenazantes.

Hebreos 12.15 nos advierte acerca de la amargura: «Mirad bien, no sea que alguno deje de alcanzar la gracia de Dios; que brotando alguna raíz de amargura, os estorbe, y por ella muchos sean contaminados». A menudo, una raíz de amargura echa brotes por falta de perdón y si no es arrancada seguirá creciendo hasta producir más problemas emocionales.

A veces, la falta de perdón puede conducir a la depresión emocional. Mi esposa y yo conocemos a una señora cuyo esposo ha viajado fuera del país, descuidándola a ella y a sus hijos. Sola para luchar por sobrevivir, se llenó de amargura hacia su marido. Empezó a sufrir de depresión por lo que le recetaron una serie de medicamentos, algunos de los cuales la hacían dormir y otras le ayudaban cuando estaba despierta.

Pero después que entregó su vida a Cristo, se dio cuenta que necesitaba perdonar a su marido y así lo hizo. Dios inmediatamente la sanó de la depresión y la liberó de seguir atada a los medicamentos. Sus amigos estaban maravillados por la transformación que habían visto en su vida. Su acto de perdonar la había hecho libre y emocionalmente estable. (Esto no quiere decir que todas las depresiones tengan su origen en la falta de perdón. La depresión es un problema muy complejo que puede venir de fuentes emocionales, espirituales y físicas.)

La falta de perdón le afecta socialmente

La falta de perdón también afecta sus relaciones. Miles de amistades alrededor del mundo permanecen rotas hoy día porque alguien no perdonó.

Simón y Josué son representativos de personas que se hallan en las iglesias y en las empresas alrededor del mundo, personas cuyas amistades se han visto destrozadas por la falta de perdón. Amistades donde falta el perdón dan origen a la hipocresía. Saludos artificiales y sonrisas de plástico reemplazan al amor genuino. Los odios comienzan a solidificarse. Es posible que usted no esté dispuesto a aceptar que odia a alguien, pero si se relaciona con amargura con esa persona, significa que no lo ama.

Usted necesita reconocer que toda relación saludable necesita una medida de perdón. Nadie es perfecto; por lo tanto, va a tener que estar dispuesto a perdonar a quien sea con quien quiera mantenerse en buena relación.

A todos estos resultados de la falta de perdón pudo haberse referido Jesús cuando dijo que la persona que no perdona debería ser entregada a los «verdugos» o «ser torturado» (Mateo 18.34). La amargura lo torturará. Mucha gente vive con una cantidad increíble de ataduras porque se rehúsan a perdonar.

La falta de perdón paraliza al cristiano espiritual, física, emocional y relacionalmente. Cuando usted se rehúsa a perdonar es como si fuera a todas partes llevando en sus espaldas una carga de ofensas. Anda con un saco lleno de agravios y que crece constantemente que lo desaniman, no lo dejan dormir por las noches y tiene que cargar con ellas durante el día.

Cuando su hermano lo ofende, lo echa dentro del saco. Cuando su vecino lo enfada, hace otro tanto. Cuando sus padres lo tratan mal, los agrega a su colección. El saco se pone cada vez más pesado. No lo deja dormir tranquilo y cuando camina, lo empuja más y más hacia abajo porque no deja de pensar en todo lo que le hizo esa gente. Pero esa es una carga innecesaria y Cristo quiere liberarlo de ella. Para quitarse esa carga, vamos a examinar las reglas del perdón.

Las reglas del perdón

A estas alturas, me imagino que ya usted habrá visto la necesidad de perdonar. En las siguientes páginas vamos a referirnos a las personas a las que hay que perdonar, las cosas que hay que perdonar, el tiempo para perdonar y la frecuencia con que se debe perdonar.

Las personas a las que hay que perdonar

¿A quién perdona usted? Lo obvio es responder: «A quien sea» lo cual es una respuesta correcta, pero será más útil detenernos en algunas personas o grupos específicos a los cuales necesita perdonar.

1. A usted mismo

Es fácil pasar por alto a la primera y a menudo la más difícil persona que necesita perdonar: usted mismo. Es posible que su pasado esté plagado de faltas que haya cometido, decisiones de las que se arrepiente, o algo malo que haya hecho, a usted mismo y a otros. Al vivir con todos estos pecados, se autoinculpa con lo que da al diablo la oportunidad para que lo induzca a cargar con algo que ya no le pertenece.

Tome conciencia que usted ya es una creación nueva y que la Biblia dice que no hay condenación para los que están en Cristo Jesús (Romanos 8.1). No acarree sobre usted culpas del pasado. Niéguese a recordar cualquiera situación de su pasado excepto la sangre de Cristo. Reflexione en los siguientes versículos y luego perdónese:

Romanos 8.1: «Ninguna condenación hay para los que están en Cristo Jesús».

1 Juan 1.9: «Si confesamos nuestros pecados, él es fiel y justo para perdonar nuestros pecados, y limpiarnos de toda maldad».

Salmos 103.12: «Cuanto está lejos el oriente del occidente, hizo alejar de nosotros nuestras rebeliones».

2. A su familia

Los miembros de su familia tienen alta prioridad en la lista de personas a las que usted necesita perdonar. Vivir tan cerca de personas imperfectas le dará muchas oportunidades para perdonar. Un proverbio de África Oriental dice: «Cuando dos cabezas de hachas están en el mismo canasto tienden a golpearse unas con otras».

Perdone a sus padres por los errores que pudieron haber cometido cuando usted era un niño. Quizás lo disciplinaron con mucha rudeza o lo dejaron en vergüenza frente a sus amiguitos. Quizás lo trataron con crueldad o en forma poco amable. Quizás no le pagaron sus estudios o favorecieron a otro de sus hermanos. Perdónelos.

Perdone a sus parientes. Quizás ellos hablaron negativamente de usted o le hicieron la vida difícil. Olvide eso y perdónelos.

Usted necesita perdonar a su cónyuge. Esto puede ser difícil. Es posible que su cónyuge haga cosas que le ofenden e irritan. Pero necesita perdonarlo o perdonarla.

En cierta ocasión, mientras servía como pastor, mi esposa y yo fuimos a aconsejar a una pareja que estaba teniendo problemas. Cuando nos aprestábamos para entrar a analizar la situación pedí a la esposa que hablara. Ella comenzó, diciendo: «Fue el 14 de junio de 1988 cuando mi esposo hizo esto y lo otro... el 30 de octubre de 1990, hizo otra cosa mala... y el 10 de abril del año siguiente, hizo...». Literalmente nos recitó una larga lista de quejas. Fue obvio que lo primero que ese matrimonio necesitaba era perdonar.

Los padres también necesitan perdonar a sus hijos. Cuando estos hacen algo malo, disciplínelos en forma apropiada y luego perdónelos. A veces, cuando los está disciplinando, un padre suele traer a la memoria una vieja lista de errores cometidos por sus hijos comparándolos con el actual. Esto demuestra que esos errores nunca fueron perdonados. Usted necesita recordar que cuando está disciplinando a sus hijos ellos no son su enemigo sino su propia carne y sangre.

Si usted no es claro en manifestarles su perdón, sus hijos pueden creer que los odia. Se cuenta la historia de un niño que recibió unas nalgadas y luego se le mandó a comer en la esquina del cuarto. Mientras la familia daba gracias por los alimentos escucharon una vocecita que venía de la esquina y que también oraba, diciendo: «Señor, te doy gracias porque aderezas mesa para mí delante de mis enemigos». Es bueno, después de disciplinar a sus hijos, decirles: «Te perdono».

También es posible que necesite que *sus propios hijos* lo perdonen por algún error que haya cometido en perjuicio de ellos. Esto es difícil pero no hay padre que no haya cometido errores. Sus hijos se dan cuenta cuando usted comete una equivocación y se preguntan si será lo suficientemente fuerte como para admitir que hizo mal y pedir perdón. Qué importante es que un padre diga: «Lo siento, hijo, que me haya puesto furioso contigo. ¿Me perdonas?». ¡Inténtelo! Es hermoso tener un hogar donde los hijos han aprendido desde pequeños a perdonar, y a ser perdonados.

3. Sus amigos

Sin duda que usted tiene amigos que en algún punto de su relación le han ofendido. No importa quiénes sean, tarde o temprano algo ocurrirá que haga que la amistad se ponga tensa. Quizás le dijo algo muy personal a su amigo y este lo divulgó a otros. De modo que cuando se encuentran, usted le dedica una sonrisa plástica y le da la mano aparentando que todo está bien pero en su interior guarda su resentimiento. La relación está muerta y usted no tiene la menor intención de restaurarla. ¡Vamos! Perdone y deje que Dios repare esa relación.

4. Amistades pasadas

Es posible que haya sido herido por personas en el pasado. Amigos, familiares, enamoraditos o enamoraditas, condiscípulos, maestros o vecinos pudieron haberle herido. Ya no se ve con ellos, pero sigue cargándolos en sus espaldas.

> Por más doloroso que sea perdonar, hacerlo lo librará del pasado.

Antes que nos casáramos, mi esposa Loice oraba por un esposo y específicamente que fuera un pastor. Se puso contenta cuando un joven de la escuela bíblica mostró interés en ella. Después de poco tiempo habían desarrollado una prometedora amistad. Cartas iban y venían e incluso ocurrieron algunas visitas. Pero de pronto, sin ninguna explicación, las cartas dejaron de venir. Loice no volvió a oír de él. Pasaron los meses y ella se llenó de amargura. Cada vez que en su mente volvía al pasado, se le hacía un nudo en el estómago. Cuando oía su nombre, sus emociones se desbordaban.

Varios años después, cuando estaba felizmente casada, despertó sobresaltada en medio de la noche. Se dio cuenta que todavía llevaba a aquel hombre sobre sus espaldas. Dios le habló y le preguntó, amorosamente: «¿Amas a aquel hombre de tu pasado o al marido que duerme al lado tuyo?». «A este», replicó ella. «Entonces deshazte de aquel otro». Entonces lo perdonó, se liberó de la carga que había venido arrastrando del pasado y fue instantáneamente libre. A través de curiosas circunstancias después, Dios los puso a ella y a él cara a cara y ella pudo hablarle sin malicia. Años después, nuestro hijo, ignorante de lo que había ocurrido en el pasado, trabó amistad con el hijo de aquel hombre y lo trajo a casa para un fin de semana. Gracias a Dios que el pasado había sanado.

Algunos recuerdos son realmente dolorosos. Quizás usted amó a alguien e incluso tuvo un hijo fuera del matrimonio. Cada vez que mira a ese niño recuerda el dolor por aquella relación pasada. Deje que Dios cambie eso hoy para que la próxima vez que vea a esa criatura pueda ver el amor y la gracia de Dios que lo liberó de su vieja forma de vivir y de su sentido de culpa.

Algunos han sufrido abusos sexuales y maltratos físicos terriblemente traumáticos y han tenido que sobrellevar esas cicatrices. Aun después de muchos años, esas heridas siguen abiertas causando persistentes dolores. Muchas veces las víctimas no pueden hablar de lo que ocurrió. Pero Cristo también ofrece esperanzas para situaciones como estas. Por más doloroso que sea perdonar, hacerlo lo librará del pasado. Si lo considera necesario, no dude en buscar consejería profesional para alcanzar total libertad de esos recuerdos.

5. Otros cristianos

Sí. Otros cristianos necesitan de su perdón. Nos equivocamos en cosas que decimos y hacemos por lo cual necesitamos perdonarnos los unos a los otros. Es posible que usted haya sido herido por un líder cristiano y siga cargando con la herida provocada por esa experiencia. O quizás fue un miembro del coro, o un miembro de un grupo pequeño que lo ofendió. Colosenses 3.13 nos instruye, diciendo: «Soportándoos unos a otros, y perdonándoos unos a otros, si alguno tuviere queja contra otro. De la manera que Cristo os perdonó, así también hacedlo vosotros». ¡Hágalo ahora mismo!

6. Amigos no cristianos

Piense en su amistad con no cristianos. Ellos también pudieron haberle ofendido, a veces por causa de su fe. ¿Qué pasa con su testimonio cuando usted se rehúsa a perdonar? Por otro lado, cuando usted le dice a un no cristiano: «Te perdono», está dando un poderoso testimonio acerca del amor y la gracia de Dios.

Romanos 12.18 dice: «Si es posible, en cuanto dependa de vosotros, estad en paz con todos los hombres». ¿Cómo llegarán a conocer a Cristo sus amigos no cristianos y sus vecinos si usted no vive el amor y el perdón de Cristo ante ellos y hacia ellos? Su salvación eterna es más importante que su ofensa personal.

7. Los que están bajo su liderazgo

Como líder, usted tendrá muchas oportunidades para perdonar. Muchos lo agraviarán. Algunos le causarán más de un disgusto. Algunos hablarán mal de usted y difundirán falsos reportes. Otros no entenderán sus motivos. Incluso podrá haber quienes se rebelen contra su liderazgo. Como líder, usted no puede permitirse ir por la vida cargando el peso del no perdón. Hacerlo sería matar su ministerio porque no podría dirigir eficientemente a quienes no ha perdonado.

Otra responsabilidad que usted tiene como líder es ayudar a que otros sean perdonadores. Para esto, sin embargo, usted debe dar el ejemplo con su propia vida. Solo cuando viva una vida de perdón podrá ayudar a otros a obedecer las instrucciones de Jesús, que dijo:

> Por tanto, si traes tu ofrenda al altar, y allí te acuerdas de que tu hermano tiene algo contra ti, deja allí tu ofrenda delante del altar, y anda, reconcíliate primero con tu hermano, y entonces ven y presenta tu ofrenda (Mateo 5.23–24).

Eugene Habecker ha dicho: «Un líder que no ha aprendido a ser un buen perdonador no será tan efectivo como uno que sí ha aprendido a perdonar. El liderazgo expone a muchas situaciones inconfortables, a muchas acusaciones falsas, y otorga muy poco tiempo para darle seguimiento a quien le ha hecho algún daño».[5]

¿A quiénes en su vida necesita perdonar? Piense en la lista de personas en esta sección. Si usted es como la mayoría, se va a dar cuenta que carga en sus espaldas a algunos a quienes necesita perdonar.

Qué cosas perdonar

¿Qué es lo que va a perdonar? ¿Hay algunas cosas que están fuera de sus posibilidades de perdonar? Pablo responde a estas preguntas en Colosenses 3.13 donde dice: «Perdonándoos unos a otros, si alguno tuviere queja contra otro. De la manera que Cristo os perdonó, así también hacedlo vosotros». El mandato dice claramente que hay que perdonar cualquiera queja que tuviere contra otro. Esto es muy amplio. En otras palabras, no importa lo que otro le haya hecho: hay que perdonarlo.

Corrie ten Boom tuvo que soportar mucho sufrimiento bajo el régimen nazi. Su padre y una hermana murieron en un campo de concentración y ella misma sufrió gran dolor físico y emocional a manos de sus guardias. Después de su liberación, ella fue por el mundo contando sus experiencias y animando a otros a perdonar. Después de una de las muchas reuniones que celebró, la gente la estaba saludando cuando vio a un hombre que venía hacia donde ella estaba. Como un relámpago que cruzó por su mente, reconoció en él a uno de los guardias que la había torturado. El hombre le extendió la mano y le pidió perdón. En su interior, ella luchó por unos segundos mientras se enfrentaba, cara a cara, con su doloroso pasado. Recordó que el mandamiento de Jesús es para aplicarlo a toda ocasión, le dio la mano y juntos, por esa acción, experimentaron la gracia de Dios.

Nunca diga: «Lo que me hizo es demasiado como para perdonarlo». Dios nunca esperará de usted más de lo que pueda hacer con la ayuda de su gracia.

El tiempo para perdonar

«¿Cuándo es el mejor tiempo para perdonar?». ¿Perdona usted antes o después que la persona se acerca a usted pidiendo que le perdone? ¿Lo haría sufrir un poco antes de perdonarlo?

¿Cuándo Jesús, su ejemplo, lo perdonó a usted? Él murió por sus pecados *antes* que usted lo conociera, *antes* que se diera cuenta de lo que era pecar o incluso antes de saber cómo era eso de arrepentirse. Él estaba listo y esperándole que fuera a él y ya lo había perdonado. Como usted debe ser como Cristo, debería perdonar *antes* que la otra persona se lo pida. En muchos casos, nunca le pedirán perdón, pero usted puede perdonar sin que se lo pidan.

Un día, mi esposa y otra señora tuvieron un desacuerdo. En el proceso, mi esposa le dijo algunas cosas inadecuadas y más tarde la embargó un sentimiento de culpa. Entonces llamó a la señora y le pidió perdón. Se sorprendió cuando escuchó por el teléfono: «Ya la he perdonado». Aquel día, mi esposa aprendió una lección que nunca ha olvidado. Sea que alguien venga o no a pedirle perdón, usted debe tener siempre un corazón dispuesto a perdonar; un corazón perdonador. Siempre es tiempo de perdonar.

La frecuencia con que se perdona

¿Cuántas veces hay que perdonar? ¿Qué pasa cuando alguien le ofende una y otra vez? ¿Hay un límite?

En Mateo 18.21–22 encontramos el relato que muestra a Pedro haciendo esta pregunta a Jesús.

> Entonces se le acercó Pedro y le dijo: Señor, ¿cuántas veces perdonaré a mi hermano que peque contra mí? ¿Hasta siete? Jesús le dijo: No te digo hasta siete, sino aun hasta setenta veces siete.

Pedro pensó que estaba siendo muy generoso al ofrecer perdón hasta siete veces. Probablemente la respuesta de Jesús lo sorprendió pues indica que debería perdonar 490 veces. Pero el punto de Jesús no era que Pedro tenía que llevar la cuenta de las veces que perdonara a su hermano. La idea de mantener un registro tan largo es ridícula. Lo que Jesús estaba diciendo, en realidad, era: «No lleves la cuenta de las veces que perdones a tu hermano».

Pablo dijo que el amor «no guarda rencor» (1 Corintios 13.5). ¡Qué tremenda declaración! Deshágase de la libreta de notas. Manténgase perdonando. Cuando se dé cuenta que está pensando: «¿Lo acabo de perdonar la semana pasada y otra vez con lo mismo? ¡Yo creo que ya es demasiado! Recuerde las veces que el Señor lo ha perdonado a usted. Entonces, ¿cuáles son las reglas para perdonar? ¡Perdone a quien sea, por lo que sea, ahora y tan a menudo como la ofensa se repita!

Los resultados del perdón

¿Qué ocurre cuando usted practica el perdón? A lo menos ocurren cinco cosas positivas.

Reconciliación con Dios

La primera y más importante consecuencia del perdón es que su relación con Dios se restaura. Sus pecados contra Dios serán perdonados cuando usted perdona a otros. Ya hemos destacado el Padrenuestro, que dice con toda claridad:

> Y perdónanos nuestras deudas, como también nosotros perdonamos a nuestros deudores. Y no nos metas en tentación, mas líbranos del mal. Porque si perdonáis a los hombres sus ofensas, os perdonará también a vosotros vuestro Padre celestial; mas si no perdonáis a los hombres sus ofensas, tampoco vuestro Padre os perdonará vuestras ofensas (Mateo 6.12–14).

Cuando usted libera perdón en favor de otros, Dios libera perdón en favor de usted. ¡Qué gozo es tener los pecados perdonados y la hoja de vida limpia ante Dios!

Reconciliación con los demás

El perdón también produce reconciliación con los demás. Dios puede traer sanidad increíble a su relación con otras personas cuando usted practica el perdón. Es probable que no siempre se logre que la amistad se restablezca pues también la otra persona tiene que hacer su parte, pero cuando usted toma la iniciativa para perdonar, está abriendo la posibilidad de una reconciliación. Demasiado a menudo una persona espera que la otra haga algo y así, mientras ambas partes esperan, no ocurre nada. Miles de relaciones se han visto restauradas porque una persona tomó la iniciativa de perdonar. El valor de tratar el asunto y dejar que el perdón de Cristo fluya es una excelente medicina para sanar relaciones dañadas.

Crecimiento cristiano

El perdón también produce crecimiento cristiano en su vida y en su carácter. Cuando usted perdona está obedeciendo la Palabra de Dios y está dando un paso más hacia ser como su Padre celestial. Pablo dice en Efesios 4.32: «Sed benignos unos con otros, perdonándoos unos a otros, como Dios también os perdonó a vosotros en Cristo».

Si usted carga en sus espaldas a quienes no quiere perdonar, no podrá crecer como cristiano. El peso de no perdonar lo empujará hacia abajo y no le permitirá progresar en su vida espiritual.

Hebreos 12.1 dice: «Por tanto, nosotros también, teniendo en derredor nuestro tan grande nube de testigos, despojémonos de todo peso y del pecado que nos asedia, y corramos con paciencia la carrera que tenemos por delante». La falta de perdón es uno de los pecados que el creyente tiene que echar lejos de sí para poder realizar su carrera con éxito.

En este mismo pasaje, el autor de Hebreos sigue diciendo: «Seguid la paz con todos, y la santidad, sin la cual nadie verá al Señor. Mirad bien, no sea que alguno deje de alcanzar la gracia de Dios; que brotando alguna raíz de amargura, os estorbe, y por ella muchos sean contaminados» (Hebreos 12.14–15).

Mientras no perdone a aquellos que le han hecho algún daño, no podrá amar a los demás como Cristo lo ama a usted. El perdón es, por tanto, un paso muy importante en el crecimiento cristiano y algo que cada cristiano debería hacer.

Fortalece la vida cristiana

El perdón también favorece el fortalecimiento de la vida de oración. Con frecuencia, cuando usted no ha perdonado en su corazón, los pensamientos de las personas con las cuales tiene un problema no resuelto interfieren en su tiempo de oración. Aunque trate de olvidarse del incidente, aquella persona sigue presente en su mente. Así como las barreras policiales en una carretera impiden el paso de vehículos, la amargura afecta su comunicación con Dios.

Marcos hace esta conexión cuando nos ofrece las palabras de Jesús: «Y cuando estéis orando, perdonad, si tenéis algo contra alguno, para que también vuestro Padre que está en los cielos, os perdone a vosotros vuestras ofensas» (11.25). Si usted sigue teniendo amargura contra alguien, sus oraciones no serán efectivas. Pero cuando perdona a esa persona, las barreras son quitadas y de nuevo tiene acceso libre a Dios mediante la oración.

Piense en su vida de oración. ¿Ha permitido que alguien bloquee su conexión con Dios? Perdone a esa persona y experimentará una nueva libertad en oración.

Libertad de emociones negativas

Finalmente, perdonar lo liberará de emociones negativas. Como lo señalé antes, el no perdonar tiene un costo emocional muy alto pues produce ira, resentimiento y amargura. Pero cuando perdona, esta carga se desprende de sus espaldas liberándolo de la tensión en su cuerpo. Muchos lloran durante el proceso de perdón mientras se liberan del dolor y de los sufrimientos.

El perdón es una medicina poderosa para el cuerpo, el alma y el espíritu y produce resultados hermosos. Quizás usted piense, entonces, que la iglesia debería ser un lugar donde la gente esté ansiosa por perdonar. Sin embargo, las amarguras y las relaciones destruidas son uno de los más grandes problemas que tiene que enfrentar la iglesia. En la siguiente sección miraremos por qué es tan difícil perdonar.

La resistencia a perdonar

Perdonar se hace difícil porque resiste las inclinaciones naturales de la carne y de su cultura.

Su carne se resiste al perdón

Su carne odia perdonar a otros. Por carne queremos referirnos a su yo natural, su yo pecador que está en rebelión contra Dios. Su orgullo se alza en el camino del perdón. Cuando peco, mi orgullo no quiere confesar mi pecado y pedir perdón. Cuando alguien peca contra mí, mi orgullo exige que la parte ofensora pague caro por su falta.

La autojustificación también impide el perdón. Yo puedo justificar fácilmente mis propios hechos creyendo que tengo muy buenas razones para negarme a perdonar. «Bueno, él no debió de haber dicho lo que dijo» o «Yo no fui el que comenzó la discusión. Fue él». «Debería venir a donde mí si quiere que lo perdone». Estos son algunos ejemplos de autojustificación.

Es muy fácil ver los pecados en la otra persona y muy difícil ver los propios. Jesús sabía esto cuando dijo:

> ¿Y por qué miras la paja que está en el ojo de tu hermano, y no echas de ver la viga que está en tu propio ojo? ¿O cómo dirás a tu hermano: Déjame sacar la paja de tu ojo, y he aquí la viga en el ojo tuyo? ¡Hipócrita! Saca primero la viga de tu propio ojo, y entonces verás bien para sacar la paja del ojo de tu hermano (Mateo 7.3–5).

Cuán fácilmente mi pecado se ve como una paja mientras que el del otro se ve como una viga. Debido a que yo puedo ver mis propias motivaciones, desde mi perspectiva mis acciones se ven correctas. Si he violado una ley, a lo menos he tenido una buena razón para hacerlo. De hecho, merezco un trato excepcional a causa de mis circunstancias. Pero cuando veo a otra persona haciendo exactamente la misma cosa, exijo justicia.

De igual modo, su carne está presta para usar la culpa. Por desgracia, la culpa viene naturalmente habiéndose originado en el Huerto del Edén. Cuando Dios confrontó a Adán y Eva acerca de su pecado, Adán culpó a Eva y Eva culpó a la serpiente. De ellos, usted ha heredado la tendencia a culpar y es probable que lo haga con suma facilidad.

Por lo general, mi tendencia natural es creer que la otra persona es noventa por ciento culpable y que yo lo soy el diez por ciento, o menos. Ya que, según mi opinión, la otra persona ha cometido la mayor falta, yo encuentro plenamente justificable rehusarme a aceptar mi diez por ciento y echarle toda la culpa al otro. El matrimonio me ayudó a aprender esta lección. Muchas veces, cuando discutía con mi esposa, yo me justificaba y le echaba la culpa a ella. «Yo dije eso por la forma en que ella reaccionó ante mi pregunta. No debió de haberme mirado de esa manera».

Tuve que aprender que aunque yo tuviera el diez por ciento de culpa en algún asunto, seguía siendo responsable por mi parte y tenía que manejarla apropiadamente.

Por cierto, aunque hubo unas muy pocas ocasiones en que yo tuve un diez por ciento de culpa, mi parte era mucho más grande que eso.

Su cultura se resiste a perdonar

Perdonar es también difícil porque su cultura se resiste a hacerlo, reforzando su tendencia heredada hacia el pecado. Todas las culturas expresan el pecado de no perdonar a veces en maneras bien diferentes. ¿Cuál de las siguientes formas se encuentran en su cultura?

«Los hombres nunca deberían decir: "Lo siento"».
«Los líderes deberían ser autoritarios y nunca pedir perdón».
«Los demás se darían cuenta de su debilidad si pide perdón».
«Los demás no lo van a respetar si pide perdón».
«No admita sus faltas a menos que lo descubran».
«Perdonar es de cobardes».

Aunque algunas de estas afirmaciones, o todas, puedan parecerle normales, Dios quiere algo mejor. Quiere que usted perdone como él perdona pues ha llegado a ser miembro de una nueva cultura.

La Biblia dice que la iglesia es «linaje escogido, real sacerdocio, nación santa, pueblo adquirido por Dios» (1 Pedro 2.9). El perdón es una parte integral de la nueva cultura a la cual usted se ha unido cuando entregó su vida a Cristo.

¿Qué está cargando en sus espaldas? Es tiempo de liberarse de eso mediante el poder del perdón. Pase algún tiempo a solas en oración; complete, además la asignación para la acción en la cual encontrará pasos útiles que puede dar para practicar el mandamiento de Jesús de perdonar. No pase al capítulo siguiente sin antes responder a las preguntas. Antes de escribir estas palabras, interrumpí el trabajo para orar por usted. Y le pedí a Dios que, mientras leía este capítulo, lo liberara de toda actitud no perdonadora, creyendo que comenzará un nuevo capítulo de crecimiento y libertad en su vida. ¡Dios le bendiga!

ASIGNACIÓN PARA LA ACCIÓN

1. Ore durante unos 10 minutos para hacer un examen de su vida. (Hágalo en un lugar tranquilo donde no tenga distracciones.) Repase la sección: «Las reglas del perdón». Lea la lista de diferentes categorías de personas que necesita perdonar. Pídale a Dios que su Espíritu Santo le revele a cualquiera persona a quien aun no haya perdonado. Escriba sus nombres aquí:

2. Perdone a cada uno en forma individual. Hágalo uno por uno mediante una oración *audible*. Dígale a Dios: «Yo perdono a _____ (ponga el nombre de la persona) por _____ (lo que le haya hecho)». Es probable que este ejercicio le traiga dolorosos recuerdos pero es necesario porque es una parte del proceso de sanidad.
   Ponga una X aquí cuando ya lo haya hecho: _____ ¿Cómo se siente ahora?

3. Si usted los ha ofendido o si ellos están conscientes del deterioro de la relación, vaya a ellos en forma personal y pídales que lo perdonen. Comience con el que le resulte más difícil.
   Ponga una X aquí cuando ya lo haya hecho: _____ ¿Cómo reaccionaron ellos?

4. ¿Qué convicciones o temores ha abrigado usted al perdonar a otros o al pedir que lo perdonen en el pasado?

5. ¿Qué le está enseñando Dios acerca del perdón a través de esta lección y mediante los pasos que ha empezado a dar?

Preguntas comunes acerca del perdón

Perdonar es difícil; no obstante, a veces estamos dispuestos a hacerlo pese a las luchas que tenemos que librar con los pasos prácticos. Debido a que el perdón tiene que ver con las relaciones con los demás, se requiere sabiduría para saber lo que Dios le está pidiendo que haga. Abajo encontrará algunas preguntas comunes sobre el perdón y las respuestas sugeridas.

1. ¿Cómo puedo saber que necesito hablar con otra persona? Si la otra persona está consciente que le ha causado un daño a usted o usted a ella, es aconsejable hablar en persona o por escrito. Como Dios le ha hablado sobre esto, es responsabilidad suya tomar la iniciativa. Ore y pídale a Dios que le indique cómo hacerlo y el tiempo más adecuado de hacerlo. Si la otra persona no está consciente del daño que le ha causado a usted, es posible que su confesión genere más problemas que lo necesario en la relación. Si siente que ha ofendido a la otra persona aun si lo que hizo es insignificante, sería apropiado pedir perdón por esa parte sin mencionar lo que ellos han hecho en perjuicio suyo. En este caso, trate de discernir con toda claridad en qué forma Dios lo está guiando para que actúe y dónde pedir ayuda y asesoría espiritual confiable sin entrar en todos los detalles.

2. ¿Qué debo hacer si la otra persona no acepta mi perdón? Dése cuenta que Dios solo le pide que se preocupe por la parte que le corresponde a usted en cuanto a perdonar o pedir perdón. La forma en que la otra persona reaccione no es responsabilidad suya. Por supuesto, usted espera que reaccione bien, pero cómo lo haga está fuera de su control. Pablo dice: «Si es posible, en cuanto dependa de vosotros, estad en paz con todos los hombres» (Romanos 12.18). Usted hace lo que está a su alcance hacer y el resto déjeselo al Señor.

3. ¿Qué tengo que hacer si no consigo encontrar a la persona a la que tengo que perdonar o pedir que me perdone? Si usted no sabe dónde encontrar a la otra persona puede no ser posible hablarle o escribirle. Sin embargo, haga su parte perdonándole y pídale a Dios que lo ponga en contacto con esa persona si quiere que hable con él o ella. ¡Se va a sorprender al ver las cosas que ocurren! Si la persona ya no vive es aun más difícil la situación. Es posible que un par de sugerencias le ayuden. Trate de hablar o escribir a alguien que haya sido cercana a esa persona y manifiestele su solicitud de perdón a ellos. O puede ser de ayuda escribirle una carta a esa persona o visitar su tumba y pedirle perdón en voz alta. Un consejero confiable puede ayudarle a expresar sus sentimientos y hallar alivio del dolor en esa situación.

Capítulo 9

EL LÍDER Y SU FAMILIA

Cuando David se graduó con honores de la escuela de comercio, se le distinguió como el estudiante que tenía todas las probabilidades de triunfar. Con una gran pasión por dedicar su vida a servir a Dios, sintió un llamado claro para entrar al mundo de los negocios. Poco después de su graduación contrajo matrimonio con Rose, su enamorada de largo tiempo. Pronto, echó a andar su primer negocio. Trabajó largas horas para desarrollarlo. Tres hijos les nacieron en aquellos primeros años y con cada uno, David sintió más vivamente su responsabilidad de proveer para ellos. Cada domingo, toda la familia asistía a la iglesia.

Pronto, su trabajo duro empezó a mostrar los resultados. El negocio creció y David daba gracias a Dios por capacitarle para proveer para su familia. Pero los éxitos siempre exigen más y más tiempo y viajes frecuentes lejos de casa. Rara vez regresaba antes que los niños se durmieran y casi no participaba en las actividades de la escuela de ellos.

Cuando Rose le sugirió que pasaran más tiempo juntos, David le recordó que Dios lo había llamado para ser el proveedor de la familia y que trabajaba duro para satisfacer sus necesidades. También le recordó que el crecimiento de su negocio les permitiría hacer más importantes contribuciones a la iglesia local como a las familias misioneras.

Por sobre eso, al ser elegido anciano le permitía ser de bendición para la iglesia con sus dones de liderazgo.

Rose trató de entender y soportar la situación pero un día se dio cuenta que su interés por las cosas de Dios estaba disminuyendo rápidamente. Le parecía que su vida iba a la deriva. Aunque anhelaba estar más con su marido como había sido su sueño al casarse, se sentía culpable por tratar de arrancarlo de los negocios.

La familia de David es típica de muchos líderes cristianos que se sienten atrapados entre su llamado a ser líderes y su responsabilidad para con su familia. Quienes se involucran en el liderazgo de la iglesia se ven enfrentados al desafío extra de equilibrar el *llamado* de Dios, las diarias demandas de su ministerio y las expectativas de los miembros con las necesidades de sus familias. Además, pueden interpretar erróneamente el llamado de Jesús en Mateo 6.33: «Buscad primeramente el reino de Dios» creyendo que es un llamado a dar al trabajo de la iglesia prioridad sobre la familia.

Pero Dios tiene una solución para este dilema de liderazgo. En la instrucción que Pablo da a Timoteo concerniente a las cualidades que deben tener los líderes de la iglesia, hay un versículo clave que permite entender el plan de Dios para el líder y su familia. Dice: «Que gobierne bien su casa, que tenga a sus hijos en sujeción con toda honestidad» (Si alguien no sabe cómo gobernar a su propia familia, ¿cómo podría cuidar de la iglesia de Dios? 1 Timoteo 3.4–5). De este pasaje he sacado tres principios determinantes para los líderes cristianos.

Principio 1: El liderazgo en la familia es un prerrequisito para el liderazgo cristiano

Pablo dice que antes que una persona sea calificada para ser un líder cristiano, «debe» gobernar bien a su propia familia. Un buen liderazgo en el hogar es una exigencia para un líder cristiano. (No creo que esto descalifique a una persona sola para ser un líder pero se asume que la mayor parte de los líderes son casados.) Por el otro lado, una familia que está fuera de control descalifica a quien quiere ser líder de la iglesia.

Esto quiere decir que sin que importe cuán dotado un individuo puede ser, si la vida de su familia no está en orden, no está calificado para ostentar una posición de líder. Antes que una iglesia escoja un líder debería escudriñar la vida de su familia evaluando si su liderazgo con su esposa es fuerte y firme y si sus hijos están bajo control.

Principio 2: El liderazgo en la familia es preparatorio para un liderazgo cristiano

Pablo dice que el líder debe gobernar bien a su propia familia antes de que pueda estar listo para gobernar al pueblo de Dios. En otras palabras, *antes* que un hombre pueda ser un buen líder en la iglesia o en otras áreas de su vida, debe ser un buen líder en casa. De hecho, aprender a dirigir a su esposa y a los hijos es un paso preparatorio para otras funciones de liderazgo. En muchos sentidos, la forma en que un hombre dirige a su familia será la forma en que dirija a otros, sea en la iglesia o en su trabajo. Si es duro con los hijos, tratará de la misma manera a sus seguidores. Si humilla a su esposa con la lengua, hará lo mismo con aquellos que están bajo su liderazgo. Si las finanzas de la familia no están controladas, es difícil que vaya a manejar apropiadamente los dineros de la iglesia o del negocio.

Principio 3: El liderazgo en casa precede al liderazgo cristiano

Los dos principios precedentes conducen a un tercero. El liderazgo en la casa viene *antes* que el liderazgo en otros ambientes, incluyendo la iglesia. Este es un asunto de prioridades. El llamado de Dios a trabajar nunca viene antes que el llamado de Dios respecto de la familia. Dios nos puso primero en familia y luego en el trabajo.

A menudo, los pastores mal interpretan Mateo 10.37, donde Jesús dice: «El que ama a padre o madre más que a mí, no es digno de mí; el que ama a hijo o hija más que a mí, no es digno de mí». Aquí dice que las relaciones familiares no deberían venir antes que su relación con *él*. Este versículo no tiene nada que ver con la relación entre trabajo, ministro y familia. Combinando estas dos enseñanzas de Jesús y

Pablo, tenemos el marco adecuado para establecer las siguientes prioridades para un líder cristiano:

- Primero, la relación del líder con Dios
- Segundo, la relación del líder con su familia
- Tercero, la relación del líder con su trabajo o ministerio

Nunca será suficiente enfatizar la importancia de establecer y observar estas prioridades en la vida de un líder cristiano. Claramente, nada podría venir antes en la relación de un líder con Dios. Muchos líderes reconocen que esto es lo primero, pero a menudo la confunden con la prioridad número dos. La familia, no el trabajo, debe ser la prioridad de segunda importancia para el líder aun si el trabajo es en la iglesia.

> Si su trabajo lo está manteniendo lejos de su familia cada noche en la semana, entonces algo no está funcionando bien.

Esto tiene enormes implicaciones prácticas para la vida de cada día de un líder cristiano. Significa que su familia es más importante que sus seguidores. El líder debe asegurarse, primero, que las necesidades de su familia sean atendidas antes que las de aquellos con quienes trabaja.

Si su trabajo lo está manteniendo lejos de su familia cada noche en la semana, entonces algo no está funcionando bien. Tendrá que renunciar a alguna de sus responsabilidades o reducir las horas de trabajo. Independientemente del cambio que haga, debe hacer algo porque está defraudando a su familia. Esto es muy serio y lo presento así porque lo creo con todo mi corazón.

Usted está siendo modelo de Dios para con sus hijos mediante la forma en que ejerce su paternidad. Asegúrese de que está presentando la clase de Dios que pasa tiempo con ellos, juega con ellos y aprende con ellos y no alguien que está siempre ausente.

¿Cómo se aplica este principio a un líder soltero? Aunque los compromisos no son los mismos que los de un líder casado y con familia, las relaciones familiares siguen siendo importantes en su vida. Piense en cómo su estilo de vida está afectando a su familia, en qué forma representa a Dios ante ellos. ¿Qué dice acerca del carácter de Dios si está tan ocupado para él que nunca tiene tiempo para visitar a su familia?

Dios lo ha puesto a usted en una familia para un propósito. Qué lindo sería si un día cualquiera va a visitar a su madre y ofrece ayudarle con el trabajo de la cocina como una manera de expresarle el amor de Cristo hacia ella. En lugar de solo orar por su familia, quizás Dios quiere que usted pase un tiempo con ellos. Dios desea usarlo como un testimonio impresionante y bendecir a su familia, como un representante de su amor. Ellos son su primer llamado.

Además de la enseñanza de Pablo, su familia debería ser su prioridad por varias otras razones. Primero, Dios estableció la familia desde los principios de la historia humana para que fuera el fundamento de la sociedad humana. Es en el hogar donde los hijos aprenden primero sobre Dios y se familiarizan con los elementos fundamentales del estilo de vida cristiano: respeto por la autoridad, obediencia, servicio, buenas maneras, cortesía, amor por el trabajo, cómo administrar el dinero, cómo relacionarse con la gente, cómo responder a las tentaciones, etc. Para Dios, estas cosas tienen un gran valor y él ha establecido la familia para estos y otros propósitos.

Cuando en la familia alguien anda con el paso cambiado, las cosas se complican en la sociedad y en la iglesia. Juventud desobediente, adolescentes embarazadas y disturbios estudiantiles son algunos de los productos de familias enfermizas. Los líderes cristianos deberían ser parte de la solución de estos problemas a través de establecer familias fuertes y piadosas.

Las familias también deberían ser una prioridad porque una familia sana favorece un ministerio efectivo del líder. El apoyo firme y decidido del cónyuge y los hijos hace del trabajo algo placentero sea que el líder haya sido llamado a ejercer su liderazgo en la iglesia o en otra vocación. Con el apoyo de mi familia yo puedo mantenerme confiado ante una congregación porque sé que el primer amén que se escuche cuando predico lo pronunciará mi esposa. Por el otro lado, si la vida de mi familia no es fuerte, no tendré el poder o la capacidad de aconsejar a matrimonios en crisis o a familias con problemas.

Es casi imposible salir de casa en medio de un disgusto no resuelto y predicar con unción y autoridad. Yo sé lo que digo. ¡Lo he intentado! Pronto aprendí, sin embargo, que vale la pena el tiempo y esfuerzos que se hagan para dejar todo en orden en casa antes de salir a tratar de ministrar a otros. Cuando salgo de casa con la bendición de mi esposa, camino con la frente alta. Pero si sé que no he estado para cenar y pasar tiempo con mi familia y que a ellos no les agrada eso, no experimentaré la alegría que se siente al volver a casa. El apoyo de mi familia hace toda la diferencia en mi ministerio.

Sé de muchos predicadores que han servido fielmente al Señor pero que han descuidado a sus familias. Muchos de ellos, tarde en la vida, han dicho, con lágrimas en los ojos: «Debí de haber pasado más tiempo con mis hijos». Igualmente, muchos hombres de negocio y líderes profesionales lamentan el precio que han tenido que pagar por concentrarse en su éxito vocacional a expensas de su familia.

Si usted está tan envuelto en su trabajo que sus hijos sufren por ello, necesita reevaluar lo que está haciendo. Los niños rápidamente empiezan a resentir el hecho que papá siempre tiene tiempo para los demás pero nunca para jugar con ellos. Este resentimiento se transforma en amargura hacia el Dios al que usted está sirviendo, toda vez que pareciera que monopoliza su tiempo y sus afectos.

La historia de Elí en 1 Samuel muestra cómo, fácilmente, un hombre que está en el servicio a Dios pierde a su familia por descuidarla. El rey David es otro ejemplo doloroso de un buen líder que descuidó a su familia. Tom Houston escribe:

> La naturaleza agresiva y apasionada que desarrolló David en su familia dividida hizo de él uno de los más grandes reyes del mundo pero uno de los peores padres del mundo. No pudo identificar los efectos adversos del trasfondo de su familia cuando creaba su nuevo hogar, y no supo ordenar su casa para evitar que se perpetuaran los mismos efectos adversos en la siguiente generación. El ciclo de problemas completó el círculo y comenzó de nuevo en las vidas de sus hijos.[1]

Finalmente, la familia debería ser una prioridad porque una familia bien establecida es la mejor validación del ministerio de un líder. Un líder cristiano que ama y se preocupa de su esposa y cría hijos felices y obedientes es poseedor de un fuerte testimonio de su credibilidad como líder. Un hogar en paz y bien administrado a menudo habla mucho más a empleados, socios o miembros de la iglesia sobre el carácter de Dios que cualquier versículo bíblico que pudiera compartir con ellos. Por cierto, esto es lo que Pablo quiere decir cuando afirma que el matrimonio debería reflejar la relación de Cristo con la iglesia (Efesios 5.21–33). Su matrimonio y su hogar son un testimonio vivo del evangelio que usted predica.

Cuando pronuncié los votos nupciales a mi esposa, hice una promesa a ella que, con la ayuda de Dios, no pondría mi ministerio por sobre nuestra relación personal. Y lo hice porque había establecido las prioridades que mencioné antes. No siempre he tenido éxito en cumplir plenamente estos votos, pero han sido siempre mi meta. He establecido mis relaciones en ese orden porque creo que es el deseo de Dios para mí y para usted. Examine sus prioridades. ¿Ha dejado que su trabajo o su ministerio estén antes que su familia? Si tal es el caso, veamos cómo puede cambiar.

Hacer de su familia una prioridad

Cuando un líder se da cuenta que Dios quiere que haga de su familia una prioridad, empieza a hacer cambios que, en forma dramática, fortalecerán la interrelación de su familia. Hacer de su familia una prioridad se resume en una palabra: ¡TIEMPO!

Usted no puede decir que su familia es número uno si no pasa tiempo con ellos. La forma en que invierte su tiempo me dirá mucho más acerca de sus prioridades que cualquiera cosa que pudiera decir sobre su familia.

> Hacer de su familia una prioridad se resume en una palabra: ¡TIEMPO!

La tendencia de muchos líderes cristianos es dar más tiempo al trabajo que a sus familias, esperando que sus familias entenderán la importancia de lo que están haciendo. Pero construir una familia fuerte toma tiempo; Dios no ofrece fórmulas especiales o excepciones para líderes muy ocupados. Dar tiempo a su familia le demandará mucha disciplina y una firme determinación pero se puede y se debe hacer.

Le puedo mencionar a lo menos tres áreas diferentes en las que puede separar un tiempo significativo para estar con su familia.

Tiempo con su cónyuge

Para que cualquiera relación crezca se requiere tiempo, y el matrimonio no es la excepción. Un líder puede fácilmente dejarse atrapar por su atareada vida para no pasar tiempo con la persona que Dios le ha dado como compañera o compañero de su vida. Un esposo y su esposa pueden, lenta y silenciosamente, empezar a separarse emocional, intelectual y espiritualmente. Solo un esfuerzo consciente para pasar tiempo juntos puede contrarrestar esta tendencia natural.

El pasar tiempo a solas con su cónyuge debe ser una decisión firme que usted debe hacer. Me estoy refiriendo a tiempo de calidad en que ambos se concentren en el otro en un deseo de fortalecer el vínculo que los une. No estoy hablando de sentarse, juntos, a ver televisión o a revisar la correspondencia. Un artículo en un periódico importante informaba que el promedio de matrimonios con diez años de casados o más pasan solo treinta y siete minutos en la semana en una comunicación con algún significado serio.[2] Este no es un tiempo suficiente como para construir y mantener una relación consistente.

Eugene Habecker hace una importante afirmación que deberíamos estar recordando frecuentemente.

> Muchos líderes mantienen una relación idolátrica con otra «señora» llamada «el ministerio» que le exige largas horas, mucho tiempo fuera del hogar y acostumbra justificar toda clase de prioridades antibíblicas. Esta clase de idolatría debe ser calificada como lo que es: pecado. Los asuntos ilícitos con la señora corporación tienen que parar. No se pueden ignorar las prioridades de Dios. Él espera que los líderes amen a sus cónyuges como él ama a la iglesia. Y esto requiere que el líder no desatienda las necesidades —todas ellas— de su cónyuge.[3]

Hable con su cónyuge sobre cómo pueden mejorar el tiempo que pasan juntos. Es posible mandar a los niños a la cama lo suficientemente temprano como para tener un tiempo sin interrupciones cada noche antes de irse a dormir. Dedique tiempo a compartir sus experiencias y sentimientos y a orar juntos.

Analicen los planes y metas familiares, la forma en que están creciendo los hijos y cualquier otro asunto de importancia en la familia. A menudo, las esposas anhelan este tiempo y esperan que sus esposos lo tomen en cuenta. Los hombres necesitan asumir su responsabilidad aun cuando esto no concurra naturalmente, y aprender a mostrar amor a sus esposas en esta forma.

Gary Smalley, un experto en familias, lanza un reto a los hombres con estas palabras: «Si un matrimonio tiene más de cinco años cualquiera desavenencia persistente es, por lo general, atribuible a la falta de comprensión del esposo y a que no está aplicando un amor genuino.[4]

T. Engstrom y E. Dayton, ofrecen otro recordatorio a los líderes:

> La obra de Dios puede hacerse sin usted. Dios, en realidad, no está impaciente por el futuro. ¿No está él mucho más preocupado por lo que usted es que por lo que logra hacer y por la forma en que demuestra el tipo de relación que tiene? ¿Y no es la más profunda de esas relaciones la que tiene con su esposa? ¿Ha dejado a su esposa? Oramos para que ella lo traiga de vuelta.[5]

Organícese para pasar más tiempo con su esposa. Si hasta ahora no lo ha venido haciendo, comience con tres veces por semana y luego cambie a todos los días. Los resultados en su matrimonio indicarán que ha valido la pena el esfuerzo.

Tiempo con sus hijos

Dios quiere que sus hijos crezcan en un ambiente amoroso y positivo. Él da a los padres la responsabilidad de educarlos durante dieciocho años o más hasta que lleguen a ser adultos. Esta responsabilidad exige una importante inversión de tiempo.

Dedique tiempo a aprender a conocer a sus hijos como individuos. Cada uno tiene un temperamento diferente y dones diversos. La vida la ven desde perspectivas distintas. Ellos necesitan que se les anime cuando se equivocan; que se les apoye para desarrollar su propia identidad; que se les discipline con amor cuando cometen faltas; un toque tierno que les permita sentirse amados; y necesitan saber que sus padres los valoran. Todo esto toma tiempo.

Aproveche los momentos cuando llega a casa del trabajo. Procure encontrar un tiempo a solas con cada uno de sus hijos. Hagan caminatas cortas o tómense una soda juntos. Sobre una base de rotación, salga a comer afuera con cada uno de ellos. Van a disfrutar la atención mucho más que la comida.

Tiempo juntos como familia

Un tiempo individual con su cónyuge y con cada uno de sus hijos es esencial, pero también necesita planificar un tiempo como familia. Esto le permitirá desarrollar el sentido de pertenencia e identidad que es parte del plan de Dios para la familia. Planifique dos tipos diferentes de tiempo juntos: tiempo para aprender y tiempo para reír.

1. Tiempo para aprender

Dios da a los padres, especialmente a los papás, la responsabilidad de enseñar a sus hijos la Palabra de Dios. Efesios 6.4 dice: «Y vosotros, padres, no provoquéis a ira a vuestros hijos, sino criadlos en disciplina y amonestación del Señor». Deuteronomio 11.18–19 dice también:

> Por tanto, pondréis estas mis palabras en vuestro corazón y en vuestra alma, y las ataréis como señal en vuestra mano, y serán por frontales entre vuestros ojos. Y las enseñaréis a vuestros hijos, hablando de ellas cuando te sientes en tu casa, cuando andes por el camino, cuando te acuestes, y cuando te levantes.

Esta responsabilidad no puede delegarse al profesor de la escuela dominical.

La instrucción bíblica puede hacerse en varias maneras pero yo sugiero que usted planee un tiempo diariamente para compartir con su familia la Palabra de Dios y crecer espiritualmente. A esto se le puede llamar «devocional familiar», «altar familiar», «adoración en familia», «tiempo con Jesús» o cualquier otro nombre apropiado. Cualquiera sea el nombre, va a producir cambios en su hogar. Este tiempo puede tomar varias formas pero deberá siempre incluir lectura y explicación de un pasaje de la Biblia, oración y canto juntos. A continuación le ofrezco algunas ideas para comenzar un devocional familiar.

Ajústese a la edad de sus hijos

Asegúrese que sus actividades se ajusten a las edades de sus hijos: preocúpese que la lectura y estudio de la Biblia resulte interesante para ellos manteniéndola en un nivel que puedan entender. Los niños pueden, a una edad temprana, aprender a disfrutar el tiempo juntos como familia y cómo comunicarse con Dios. Para niños un poco más grandecitos puede contarles historias de la Biblia en un lenguaje sencillo y, en lo posible, con acciones tipo drama. Que sea para ellos una aventura.

Para hijos de esta edad, evite lecturas largas y, si es posible, disponga de una Biblia con ilustraciones coloreadas. Recuerde que los niños de esta edad tiene una capacidad de atención muy corta. Si usted ora con ellos durante 20 minutos, lo más probable es que estén dormidos cuando diga «Amén». A medida que vayan creciendo, permítales tomar parte en el devocional leyendo o actuando alguna historia de la Biblia.

No subestime la habilidad de los jovencitos para captar las verdades espirituales. Muchas veces su fe le presentará a usted más de un desafío. Aprenda a valorar sus perspicacia en asuntos espirituales.

Sea creativo

Mantenga el interés. Los niños necesitan acción. Seguramente que usted no querrá que ellos piensen en Jesús como una persona aburrida solo porque usted no consigue mantener su atención. Piense en modos diferentes de contarles las historias. Use el drama. Canten varias canciones breves. Cuando son más grandes, permítales dirigir el estudio o planear el devocional. Sea lo que fuere que haga, no lo repita día tras día. Tenga claras las necesidades y conflictos de sus hijos y enfóquese en historias que apunten a esas necesidades, enseñándoles el valor de la Palabra de Dios no solo por las lindas historias que contiene sino como la fuente de dirección y bienestar que es.

Sea coherente

Tenga un devocional familiar todos los días. Hágalo parte de la rutina familiar, justo antes o después de la comida o en otro tiempo que se ajuste mejor a su familia. Sea en la mañana o en la noche, determine un tiempo y déjelo fijo.

2. Tiempo para reír

Usted no solo necesita tiempo con su familia para enseñarle la Palabra de Dios, sino también necesita tiempo para entretenerse y jugar juntos. A Dios le agradan las celebraciones e hizo un hermoso mundo para que nosotros lo disfrutemos juntos. Aproveche los feriados, los cumpleaños y otros días de asueto para jugar con la familia dando origen a recuerdos que perdurarán por toda la vida.

Una forma de divertirse juntos es fijar una vez por semana, una «noche familiar». Esa noche deberá estar reservada exclusivamente para usted y su familia y debería incluir algún tipo de juegos. Algunas ideas que hemos disfrutado en mi familia han sido una comida especial, participar en un juego todos, trabajar juntos en un proyecto para la casa y leer juntos un libro.

Use su imaginación. Estas noches no tienen por qué hacerle gastar dinero. Solo se requiere tener una actividad a través de la cual los miembros de su familia puedan interactuar positivamente y aprender a alegrarse juntos. Puede usar vajilla desechable, programar un drama, jugar a las cartas, hacer una caminata, contar historias sobre su tiempo de niño, cantar. Busque aquellas cosas que les gustan a los miembros de la familia y trate de incorporar todos estos elementos o deje que sus hijos escojan, por turno, lo que quieren jugar o hacer.

Cuando usted empieza a invertir esta clase de tiempo en su familia, cosas hermosas comienzan a suceder. Al demostrar a sus hijos que los quiere y que disfruta pasando tiempo con ellos, estará construyendo líderes bien formados para la siguiente generación. Seguros de su amor y aprobación, pronto empezarán a dirigir a otros, aun a una edad temprana. Al crear una atmósfera hogareña amorosa, su familia le dará fuerzas para ministrar a otros y dar testimonio del dinamismo de su fe cristiana en la iglesia tanto como en el supermercado. Esta es su responsabilidad como líder cristiano. Dedique tiempo a completar la asignación para la acción que le ayudará a hacer los cambios necesarios en su familia.

ASIGNACIÓN PARA LA ACCIÓN

1. Reflexione sinceramente sobre su vida familiar. ¿Está su familia antes o después de su ministerio en su lista de prioridades?

   ¿Estará su cónyuge de acuerdo con su respuesta? ¿Por qué?

2. Si sus prioridades han estado fuera del marco del deseo de Dios, dedique algunos minutos a orar pidiendo a Dios que lo perdone y cambie.

3. Ahora que Dios ha atendido a su arrepentimiento, necesita compartir su corazón con su familia. Fije un día, hoy si fuese posible, para sentarse con ellos y pedirles que le perdonen. Ponga una X aquí cuando lo haya hecho. _____

4. Elabore un plan de acción para su familia. Debería hacerlo en consulta con su cónyuge y los hijos que estén en edad de participar. Sea específico en cuanto a lo que va a hacer y cuándo lo hará en cada una de las áreas anotadas abajo:

   Tiempo con mi cónyuge:

   Tiempo con mis hijos:

   Tiempo con mi familia:

5. Preocúpese de que el plan funcione. Requerirá mucha dedicación. Quizás usted tenga que decir «no» a algunos compromisos que había hecho antes y que lo mantendrían alejado de su familia. Tome en serio su agenda hasta que sus prioridades sean las prioridades de Dios. Estaré orando para que su familia llegue a ser todo lo que Dios quiere que sea. ¡Dios le bendiga al estar al frente de su hogar y de su familia!

Capítulo 10

EL LÍDER Y SU TRANSICIÓN
(Salir bien)

Francisco estaba furioso. Por quinta vez, su salario de evangelista se había atrasado. El pastor Salomón aún no se había disculpado. Le parecía que las largas horas de trabajo en la iglesia no se las reconocían ni apreciaban. «¿Qué me retiene trabajando aquí?», se preguntaba. «Creo que lo mejor sería que comenzara mi propia iglesia. Sé que los hermanos a quienes les he estado enseñando están también descontentos con el pastor Salomón y hay suficientes de ellos como para asegurarme el salario. De todas maneras, siempre he sentido el llamado para servir a Dios por mi cuenta».

En los meses siguientes, Francisco siguió pensando en sus opciones. Discretamente compartió su desaliento y frustración como «peticiones de oración» con varios hermanos que sabía que simpatizaban con él. Estos le ofrecieron su apoyo así es que empezaron a buscar un lugar apropiado para reunirse. Cuando el pastor Salomón se ausentó por una semana viajando a un país vecino, Francisco hizo su movida. Veinte miembros de la iglesia asistieron al primer servicio dominical en el nuevo local. Francisco predicó un mensaje inspirador sobre el cruce del Jordán rumbo a la tierra prometida. Cuando esa noche regresó a su casa, se sentía en la cumbre del mundo. «Por fin» le susurró a su esposa antes de dormirse, «me siento libre para hacer lo que Dios quiere que haga».

La historia de Francisco se repite casi a diario en muchas diferentes iglesias y situaciones, en que líderes insatisfechos deciden moverse a un nuevo local, denominación, iglesia o ministerio. Lo mismo ocurre en el mundo de las corporaciones donde ejecutivos y empleados están continuamente yendo de un trabajo a otro. ¿Qué significado tiene para un líder cristiano la transición? ¿Es una forma correcta o equivocada de salir de un lugar para ir a otro? ¿Cómo se puede discernir el momento preciso para cambiar? ¿Cuáles son las trampas que hay en esto y que hay que evitar? Este capítulo está dedicado a responder dichas preguntas.

Principios para una salida correcta

Vamos a examinar tres principios fundamentales acerca de salir.

Principio 1: Salir es, a veces, una parte inevitable del crecimiento

Aunque muchos tienden a ver las salidas en forma negativa, no siempre es así. A veces, es una parte inevitable del crecimiento. Los líderes tienen personalidades diferentes, visiones diferentes y metas diferentes que a menudo empujan a las personas en direcciones diferentes. Esta es una manera que Dios a menudo usa para separar organizaciones, permitiendo que ambas alcancen grandes cosas para su reino.

En otras ocasiones, salir es simplemente pecado de orgullo y rebeldía que crea divisiones entre el pueblo de Dios y heridas en las personas involucradas. Sin embargo, aun en situaciones de rebeldía, la gracia de Dios puede usar la división para efectos multiplicadores de su obra. Un ejemplo de esto es la separación de Bernabé y Pablo que encontramos en Hechos 15. Ellos tuvieron un desacuerdo que los separó resultando en dos equipos ministeriales yendo en direcciones diferentes.

A veces dos o más personas comienzan trabajando juntas porque se necesitan mutuamente. A medida que crecen en su capacidad de liderazgo, sin embargo, se encuentran con que la necesidad que existía de ayudarse el uno al otro disminuye y la fricción entre ellos aumenta. Si se separaran de buena manera, sin sentimientos de tensión podría considerarse una buena señal de crecimiento para ambas partes. A menudo, la gente pregunta si es bueno que existan las denominaciones. Casi todas las denominaciones comenzaron como una división en un grupo ya existente y aunque no creo que Dios planee que su iglesia se divida, usa las denominaciones para su gloria.

A menudo, Dios usa diferentes denominaciones para que reflejen aspectos diferentes de su naturaleza en una forma que ningún grupo solo podría hacerlo. A veces, las denominaciones pierden su visión original y un grupo de personas que anhelan un mover fresco de Dios se separa. De nuevo, si esto se hace de la manera correcta, puede ser una porción saludable de la iglesia creciendo y expandiéndose.

A veces, la transición es simplemente una parte del plan de Dios para su vida. Es muy probable que haya querido tenerlo por algún tiempo en un lugar determinado pero que ahora quiere que se cambie. Esto ocurrió conmigo después de haber ejercido el pastorado durante seis años y luego recibí un llamado a un ministerio trabajando con líderes. Mi salida no tuvo nada que ver con divisiones o desacuerdos; fue simplemente un paso adelante que Dios quiso para mí y mi familia. Era tiempo que me integrara a algo nuevo. Los cambios han llegado a ser una parte de la rutina de la vida moderna en el mundo de las corporaciones y son a menudo una señal de crecimiento individual u organizacional.

Principio 2: La salida debe hacerse con integridad

Cuando Dios quiere que se produzca una separación, tiene un método que de seguirlo, produce excelentes resultados. A menudo, en el nerviosismo por la salida o debido a la emoción del momento, la gente olvida algunos principios importantes y toma atajos que le permitan terminar de una vez con el proceso. La meta siempre debería ser salir con integridad y poder decir: «Estoy saliendo en una manera que es congruente con la naturaleza de Dios y los principios bíblicos». El que se va debería hacer todo lo posible para que esto ocurra. Este capítulo está dedicado a aprender cómo salir con integridad.

Principio 3: La manera de irse determina el resultado de la transición

Si salir se hace de una manera congruente con los principios biblicos seguramente que el resultado será positivo. Cuando no se siguen los principios establecidos por Dios, el resultado será menos que deseable. El espíritu y la actitud de la persona que se está yendo son a menudo factores determinantes para que el resultado sea positivo o negativo.

He visto a personas saliendo de la iglesia con buenas razones y buenas intenciones. Pero la manera en que se fueron depositó semillas de rebeldía y discordia en sus propios ministerios que más tarde produjeron malos frutos. En una forma similar, he observado buenas y malas transiciones profesionales.

El proceso de salir

Al analizar el proceso de salir, es beneficioso detenerse a considerar los siguientes cinco factores:

1. Razones de su salida;
2. Examinar su responsabilidad en la salida;
3. Irse con la bendición de la autoridad bajo la cual ha trabajado;
4. Darle el más alto valor a la relación con las demás personas;
5. Irse completamente.

Razones de su salida

Antes de decidirse a salir, analice con detención los motivos para irse.

¿Cuál es la razón por la que se quiere ir? Tenga cuidado de que el corazón no lo engañe. La Biblia dice: «Engañoso es el corazón más que todas las cosas, y perverso; ¿quién lo conocerá?» (Jeremías 17.9). Busque debajo de las explicaciones superficiales para descubrir las razones de fondo para su salida.

¿Explican su situación algunas de las siguientes razones tan comunes?:

- Personalidad conflictiva
- Mejores condiciones salariales
- Diferencia en las visiones
- Diferencia en el llamado o dones
- Deseos de ocupar una posición más alta
- Querer ser independiente
- Deseos de ser la persona al mando

Sea específico y enfrente los asuntos fundamentales con toda sinceridad. Ore al respecto pidiéndole a Dios que examine su corazón y purifique sus motivos. No todos los que se incluyen en la lista aquí tienen que ser necesariamente malos pero es muy importante estar conscientemente alerta sobre por qué quiere salir. Siempre es posible convencer a otros de que sus acciones son justificadas pero Dios es la instancia final. Usted va a responder a él por la decisión de irse.

Además, es bueno buscar consejos sabios de personas que lo conozcan bien y que seguramente lo convencerán de que esté seguro de sus motivos. Sea que esté en capacidad o no de recibir y considerar su consejo, a menudo sirve como un indicador de los motivos de su corazón. Si el moverse a otro trabajo lo va a poner en una posición más elevada de la que tenía, ¿ha pensado que tendrá que someterse a otra autoridad? Muchas personas cambian de trabajo porque están cansados de vivir bajo autoridad. Dios no va a bendecir a quien se muda por ese motivo.

> Muchas personas cambian de trabajo porque están cansados de vivir bajo autoridad.

Cuando yo dejé el ministerio pastoral, estudié cuidadosamente mis motivos. ¿Estaba simplemente deseando un cambio o era Dios quien me estaba llamando a otro lugar? Lo discutimos con mi esposa y buscamos consejos de algunas personas que estaban en autoridad sobre mí. Juntos sentimos claramente la dirección de Dios. Los consejos que me dieron estas personas me mantuvieron responsable y su apoyo vino a confirmar que los pasos que estaba dando los daba por motivos puros.

Examine su responsabilidad

Cuando usted sale de algún lugar por diferencias de opinión o visión, debe examinar primero su parte en tal desacuerdo. En lugar de enfocarse en cómo otros lo han agraviado o no lo han entendido, vea si tiene algún tipo de responsabilidad en el problema. Aunque es mucho más fácil ver las faltas de los demás, raramente es una de las partes cien por ciento responsable. ¿Ha sido usted coherente en demostrar respeto y lealtad hacia quienes han estado en autoridad sobre usted? ¿En qué maneras contribuyó a la diferencia de opinión? Cuando tuvo que enfrentar la situación ¿respondió siempre en la forma en que Jesús lo habría hecho? ¿Ha hecho todo lo que ha estado de su parte para resolver la diferencia? Si no aclara adecuadamente estas cosas, las llevará a su nueva asignación.

Pida bendiciones

Dios bendice y unge ministerios a través de personas en autoridad. Un líder, por lo tanto, necesita la bendición de una autoridad para ser comisionado al ministerio. (Vea en el capítulo siete el análisis más detallado que hago de este asunto.) Cuando Dios lo llama a una tarea diferente debe ir con la bendición de su autoridad.

Habrá ocasiones en que la autoridad se niegue a dar su bendición, pero si usted sale con integridad eso le exige que haga todo lo que esté a su alcance para recibir la bendición de su autoridad antes de partir. Siempre es un error salir en forma intempestiva e iniciar una nueva iglesia o ministerio sin revelar sus planes a sus colegas e intentar resolver los conflictos y los malos entendidos.

Usted debería ser lo más franco y sensible posible con su líder o sus líderes si tiene más de uno, incluso cuando siente que lo han maltratado. Tal vulnerabilidad puede parecer riesgosa pero indica motivos puros y un corazón limpio. Recibir una bendición implica compartir su corazón con su líder o líderes, ser franco en cuanto a sus deseos e intenciones. El secretismo y la desconfianza no hacen otra cosa que socavar su credibilidad y planta esas mismas semillas en su nuevo ministerio.

La partida de Jacob de la casa de Labán es un ejemplo bíblico de este principio. Jacob se fue secretamente ante el temor de que Labán no lo dejara partir. Cuando Labán lo alcanzó, le dijo:

¿Qué has hecho que me engañaste, y no me lo hiciste saber para que yo te despidiera con alegría y con cantares, con tamborín y arpa? Pues ni aun me dejaste besar a mis hijos y mis hijas. Ahora, locamente has hecho (Génesis 31.27–28).

Labán siguió diciendo que él pudo haberle hecho mal a Jacob por irse secretamente pero que no le haría nada pues en un sueño el Señor le había dicho que lo dejara ir. Labán vio como un robo la salida de Jacob sin su bendición. Más tarde, gracias a la intervención de Dios, Labán y Jacob hicieron un pacto de no agresión y Labán bendijo a sus hijas y a sus nietos.

Cuando la autoridad sobre usted se rehúse a darle la bendición, antes de hacer algo asegúrese de que está siguiendo las instrucciones de Dios y no sus propias inclinaciones. Como vimos en el capítulo siete, a menudo Dios habla a través de las autoridades. Quizás su autoridad ve algunos bordes filosos en su carácter que necesitan ser limados. Quizás perciba en usted una actitud negativa que Dios quiere quitar. Incluso puede ser el medio por el cual Dios quiere quitar esa actitud negativa de su corazón.

David esperó muchos años para llegar a ser rey aunque él sabía que había sido llamado y que el rey Saúl estaba inhabilitado para ejercer como tal. Mientras esperaba el tiempo de Dios para que lo dirigiera aprendió una serie de lecciones que moldearon su carácter. Deje que este ejemplo le sea una fuerte advertencia para que no salga sin una bendición. Cuando deje un trabajo o una posición en alguna compañía, asegúrese de esforzarse no solo por cumplir con las exigencias de notificación sino de buscar la mejor manera de trabajar con los que están en autoridad para que la transición sea todo lo suave que sea posible.

Si se le niega la bendición, debería buscar el tiempo de Dios. Quizás la dirección sea correcta pero a lo mejor aún no es el tiempo para el cambio. En mi transición, yo necesité dar al liderazgo de mi iglesia tiempo para pensar y orar sobre mi salida antes de que pudieran bendecirme. Al final, ellos estaban listos para bendecir a mi familia y a mí en el nuevo paso que estábamos dando de modo que salimos con nuestras relaciones intactas y dejamos una puerta abierta para mantener la comunicación.

Valorice sus relaciones

Salir con integridad requiere que usted aprecie las relaciones con todos sus hermanos y hermanas en Cristo. Pablo escribe: «Si es posible, en cuanto dependa de vosotros, estad en paz con todos los hombres» (Romanos 12.18).

A menudo, las relaciones se ponen tensas durante el proceso de salida. Ambos lados miran más los aspectos negativos del otro. Francisco dejó de reconocer las buenas cualidades del pastor Salomón. Olvidó que el pastor Salomón lo había guiado al Señor y que lo había discipulado cuando era un creyente nuevo. A menudo, los empleados olvidan cuánto ganaron profesionalmente y en cuanto a relaciones mientras pertenecían a la empresa de la que ahora estaban saliendo.

No importa cuán dolorosa pueda llegar a ser una relación, usted debe hacer un esfuerzo para recordar y ser agradecido por los aspectos positivos, tanto pasados como presentes, de esa relación. Recuerde también que las relaciones son valiosas. Puede ser que en el futuro necesite de nuevo que la persona con la que ahora tiene problemas le aconseje, apoye o aliente. Queden como amigos.

Valorizar las amistades puede significar poner una guardia para que cuide sus labios. En el calor de un desacuerdo es fácil decir más de lo que debería acerca de otra persona y el origen de su desacuerdo. Es posible que quiera ganarse las simpatías de algún seguidor o incluso justificar sus acciones pero debe resistir esta tendencia a todo costo. Cuando usted sale por razón de un desacuerdo, todo lo que necesita decir es: «No pudimos ponernos de acuerdo con el líder sobre tal o cual asunto así es que decidimos que nos separaríamos». No es necesario dar todos los detalles.

Váyase completamente

Cuando ha llegado el tiempo de salir, váyase completamente. Muchos líderes quieren dejar su antigua posición mientras continúan relacionándose con los que quedan, manteniendo control sobre alguna propiedad o privilegios que ganaron allí. Irse completamente implica varias cosas.

Primero, usted debe estar anuente a dejar atrás todo lo que no es de su propiedad, incluyendo cualquiera relación de amistad que haya desarrollado bajo el liderazgo de alguien más. Si su función fue de pastor asociado o evangelista, estuvieron levantando el ministerio de su líder. Ahora que usted está saliendo, deberá estar dispuesto a renunciar a cualquiera conexión relacional. No insista con personas que acostumbraba visitar en su antigua posición. No trate de llevarlos con usted. Ellos no son su gente. Si usted trabaja el campo de alguien en calidad de trabajador cuando decida dejar ese empleo no podrá cosechar el grano de esa siembra. El grano pertenece al dueño del campo. A menudo, los negocios tienen acuerdos que atan legalmente precisamente para hacer cumplir este principio, pero los líderes cristianos deben hacerlo voluntariamente y cumplir no solo con la letra sino con el espíritu de la ley.

A veces esto significa que los líderes cristianos deberían irse, físicamente, de la región donde estaba su antiguo trabajo. Muchos líderes de iglesias no están dispuestos a pagar el precio y terminan instalándose a corta distancia y llevándose a algunos miembros de la iglesia de la cual salieron. Aunque esto pudiera verse positivamente al momento de ocurrir, dese cuenta que está plantando una semilla para que en el futuro de su ministerio se produzca la misma clase de rebelión. Si algún miembro de su antigua iglesia quiere seguirle, pídale que hable con su pastor y que le pida su bendición antes de aceptarlo como miembro.

Cuando asumí una nueva posición después de mi función pastoral, mi esposa y yo decidimos que nos mudaríamos lejos de la comunidad donde habíamos estado pastoreando una iglesia. Dejar las amistades que habían sido parte de nuestras vidas por espacio de seis años fue doloroso pero sabíamos que ya no éramos más el equipo de liderazgo y que necesitamos llevar a cabo un claro rompimiento con esas amistades. Habría sido muy injusto para el nuevo pastor si, por un lado, dejábamos las responsabilidades de guiar a esas personas y por el otro queríamos mantener los privilegios de su cariño.

Finalmente, también debería dejar atrás la propiedad física de su ex empleador, incluyendo discos, archivos, cartas, equipo de oficina, llaves y cualquiera otra cosa que no sea suya. Estas cosas pertenecen a la posición que tenía antes no a usted como individuo. Asegúrese también de entregar un informe completo a su superior de todo asunto sea que se haya completado o no, que estuvo bajo su responsabilidad. Esto facilitará una transición grata para la persona que ocupará su posición.

Si usted realmente está saliendo en el espíritu de Cristo, sin amargura, querrá bendecir la organización que deja en lugar de hacer la transición logísticamente difícil.

Cuando se siguen estos principios y procedimientos, la salida no tiene por qué ser una experiencia dolorosa y frustrante. Cuando es el tiempo de Dios para que usted salga, hágalo en la forma de Dios y la transición puede ser un tiempo de crecimiento para usted y para la organización que está dejando tanto como para aquella a la cual se unirá. Me agrada la descripción simple que hace Lucas de una de las varias transiciones de Pablo. «Pero cuando nuestro tiempo se cumplió, salimos y continuamos nuestro viaje» (Hechos 21.5). Sigamos este ejemplo.

ASIGNACIÓN PARA LA ACCIÓN

1. Piense en algunas de las transiciones que ha hecho en su vida. ¿Se hicieron en la manera correcta?

   Si no ¿qué es lo que necesita hacer para hacerla correctamente?

2. Mire al futuro. Si llegare a sentir el llamado de Dios a un cambio de ministerio, ¿se compromete a seguir los pasos delineados en este capítulo? Tenga un momento de oración y pídale a Dios que le dé el valor para hacerlo.

3. Lleve este capítulo a su jefe o superior jerárquico y pídale que lo lea y luego analicen juntos cómo puede hacer usted una transición saludable si se da el caso. Comprométase a ser franco y sincero con él o ella. Ponga una X aquí cuando lo haya hecho.

Capítulo 11

EL LÍDER Y LA RESISTENCIA
(Buen final)

He peleado la buena batalla, he acabado la carrera, he guardado la fe. Por lo demás, me está guardada la corona de justicia, la cual me dará el Señor, juez justo, en aquel día; y no solo a mí, sino también a todos los que aman su venida (2 Timoteo 4.7–8).

Comenzar bien como líder no es suficiente. Usted puede ser un verdadero «campeón» en sus veinte, treinta o cuarenta pero no habrá tenido un verdadero éxito a menos que termine bien en sus últimos años. Y la única forma de terminar bien es corriendo bien.

Muchos líderes empezaron con un deseo sincero de servir a Dios. Eran humildes, pequeños a sus propios ojos. Se sentían incapaces de afrontar la tarea por lo que pasaban mucho tiempo en oración y ayuno. Dios vino a ellos con su unción; los capacitó con su Santo Espíritu; y prosperó su trabajo. Al prosperar en el ministerio, empezó a darse un cambio lento y sutil y Dios terminó quitando su unción.

Esto le puede ocurrir fácilmente a cualquiera, hombre o mujer. Tratemos de entender, desde la Escritura, cómo es que ocurre esto y cómo se puede evitar en su vida y ministerio. Vamos a considerar los casos de dos líderes, el rey Uzías y el rey Salomón.

El rey Uzías (2 Crónicas 26)

Abra su Biblia y lea la historia del rey Uzías. Abarca varios versículos pero si usted lee todo el capítulo 26 tendrá una mejor perspectiva de la historia de este rey. Después que haya finalizado la lectura, vamos a detenernos en varios aspectos de su vida. 2 Crónicas 26.3–5 dice:

> De dieciséis años era Uzías cuando comenzó a reinar, y cincuenta y dos años reinó en Jerusalén. El nombre de su madre fue Jecolías, de Jerusalén. E hizo lo recto ante los ojos de Jehová, conforme a todas las cosas que había hecho su padre. Y persistió en buscar a Dios en los días de Zacarías, entendido en visiones de Dios; y en estos días en que buscó a Jehová, él le prosperó.

Varios puntos destacan en este relato. Uzías era joven, piadoso, humilde y estaba dispuesto a aprender. De ahí que Dios lo prosperó y llegó a ser rey.

En los versículos 6 al 15 vemos que derrotó a sus enemigos, construyó ciudades y recibió tributos, adquirió fama y adquirió gran fuerza. En muchos lugares construyó torres, prosperó en la agricultura y formó un ejército grande y bien equipado. Fue modelo de un rey exitoso, un hombre cuya vida estuvo marcada por el favor de Dios.

Pero leamos la última parte del versículo 15: «Y su fama se extendió lejos, porque fue ayudado maravillosamente, *hasta* hacerse poderoso» (énfasis añadido por el autor). Todo fue bien *hasta* que se hizo poderoso.

El versículo 16 explica lo que ocurrió después. «Mas cuando ya era fuerte, su corazón se enalteció para su ruina; porque se rebeló contra Jehová su Dios, entrando en el templo de Jehová para quemar incienso en el altar del incienso». Cuando los sacerdotes trataron de impedir que lo hiciera (17–18) se enfureció (19) creyendo que como rey él podía hacer lo que se le antojaba.

Este gran rey, maravillosamente bendecido por Dios y marcado por su presencia, fue atacado por la lepra y tuvieron que sacarlo de la casa de Dios. Uzías empezó bien pero terminó en forma trágica.

Aunque en su vida alcanzó muchos éxitos, finalmente fracasó porque no tuvo el temple para terminar bien.

El rey Salomón (1 Reyes 3.1 a 11.14)

El rey Salomón nos ofrece otro ejemplo de un líder que comenzó muy bien pero cuyo fin fue terrible. En 1 Reyes 3.3 leemos que «Salomón amó a Jehová, andando en los estatutos de su padre David». Tanto agradó a Dios que se le apareció en un sueño para decirle: «Pide lo que quieras que yo te dé» (3.5).

Esta fue la gran ventaja de Salomón: la oportunidad de recibir la bendición divina en una proporción que ningún otro líder pudo siquiera haber soñado. Pudo haber pedido riquezas, fama, poder o cualquiera otra cosa que quisiera con la absoluta seguridad de la bendición de Dios. En lugar de eso, pidió sabiduría. Dijo: «Da, pues, a tu siervo corazón entendido para juzgar a tu pueblo, y para discernir entre lo bueno y lo malo; porque ¿quién podrá gobernar este tu pueblo tan grande?» (3.9).

¿Qué pudo haber sido lo que hizo que Salomón hiciera tal petición? En 1 Reyes 3.7–8 confiesa que él se siente como un niño y totalmente incapaz de llevar a cabo la obra de Dios. Reconoce su posición de siervo de Dios y se refiere al pueblo como «tu pueblo». El corazón de Salomón era tierno y humilde y su preocupación era la responsabilidad que estaba asumiendo para con el pueblo de Dios.

Y Dios le concedió su petición. «He aquí lo he hecho conforme a tus palabras; he aquí que te he dado corazón sabio y entendido, tanto que no ha habido antes de ti otro como tú, ni después de ti se levantará otro como tú» (3.12). Salomón no solo sería el hombre más sabio que haya existido jamás, sino que Dios le dio todo lo que pudo haber pedido (3.13–14). Estas bendiciones, no obstante, tenían una condición: «*Si* anduvieres en mis caminos, guardando mis estatutos (3.14, énfasis añadido).

La bendición de Dios continuó, dependiendo de que Salomón se mantuviera obedeciendo. Este principio se aplica a todos los líderes. Muchos han llegado a cierto nivel gracias a la bendición de Dios. Sin embargo, impresionados por sus éxitos, han dado lugar al orgullo y han empezado a desobedecer los mandamientos de Dios. Continúan ministrando en el nombre de Dios, pero Dios ha quitado su bendición y poder de ellos por causa de su desobediencia.

Ni usted ni yo hemos conocido a un hombre a quien Dios haya prosperado tanto como prosperó a Salomón. Lea 1 Reyes 3.28—10.25. El nivel del favor de Dios está más allá de toda comprensión. Lea también Eclesiastés 4.10. No hay duda que Salomón era el hombre poderoso de Dios. Si hoy día fuera un líder empresarial, sería el CEO («Chief Executive Officer», u Oficial ejecutivo en jefe) de una corporación multinacional. Si fuera un pastor del siglo 21, estaría al frente de una mega iglesia.

Pero entonces, la historia de Salomón cambia drásticamente. Este gran hombre de Dios se vino abajo desde sus gloriosas alturas. Para entender lo que ocurrió luego, debe leer Deuteronomio 17.14–20 donde Dios da instrucciones a los futuros reyes de Israel. En estos versículos, Dios enumera tres cosas que a los reyes se les prohibía hacer:

> El rey no deberá adquirir *gran cantidad de caballos*, ni hacer que el pueblo vuelva a Egipto con el pretexto de aumentar su caballería, pues el Señor te ha dicho: «No vuelvas más por ese camino». El rey *no tomará para sí muchas mujeres,* no sea que se extravíe su corazón, ni tampoco *acumulará grandes cantidades de oro y plata* (Deuteronomio 17.16–17, cursivas del autor).

Dios claramente instruyó al rey que no adquiriera muchos caballos de Egipto, lo cual podría simbolizar una dependencia en el poder militar en lugar de en la protección de Dios. También le ordenó que no se hiciera de muchas mujeres pues podrían desviar su corazón y convencerlo de servir a sus dioses. Finalmente, Dios advirtió al rey de no adquirir grandes cantidades de plata y oro lo cual lo podría inducir a abusar de su poder y confiar en las riquezas materiales en lugar de en la provisión de Dios.

En los versículos 18 y 19, Dios ordena al rey a que mantenga la Escritura en preeminencia en su vida, y en el versículo 20 le hace una advertencia y una promesa: no debería considerarse mejor que sus hermanos ni alejarse de la ley ni a diestra ni a siniestra; solo así podrían, él y sus descendientes, gobernar por largo tiempo sobre su reino en Israel.

Con este trasfondo podemos ver qué fue lo que ocurrió con el rey Salomón. Lea 1 Reyes 10.23—11.14. Sus problemas comenzaron cuando decidió ignorar la clara instrucción de Dios. En 10.23 leemos: «Así excedía el rey Salomón a todos los reyes de la tierra en riquezas y en sabiduría». En 10.28 vemos que importaba caballos de Egipto; y, finalmente, en 11.1–8 se nos dice que «amó a muchas mujeres extranjeras». Estas tres acciones fueron en directa desobediencia a la instrucción de Dios que registra Deuteronomio. Salomón disfrutó de estas cosas por un tiempo pero finalmente llevaron, a su reino y a él, como su rey, a un fin trágico.

¿Cómo pudo, el que escribió: «El principio de la sabiduría es el temor de Jehová; los insensatos desprecian la sabiduría y la enseñanza» (Proverbios 1.7) cometer tales necedades? ¿Cómo pudo un hombre tan claramente distinguido por Dios fracasar en forma tan terrible? ¿Sería que Dios no escribió su aprobación a lo largo de la vida de Salomón con tinta indeleble?

> ¿Cómo pudo un hombre tan claramente distinguido por Dios fracasar en forma tan terrible?

La razón de la caída de los hombres

Dios espera que cada cosa buena que le da la dedique a él y la use para sus propósitos. Esto incluye inteligencia, educación, sabiduría, humildad, el don de hablar en público, cosas materiales, la lista de dones ministeriales que aparecen en la Escritura y cualquiera otra cosa buena que usted posea. Dios se las entrega para que lleve a cabo su trabajo en la tierra. El uso de estos dones trae gloria a él, vida al pueblo que usted conoce y gozo a usted.

Sin embargo, Satanás anda desesperado tratando de impedir los propósitos gloriosos de Dios. Es incansable en sus intentos por arruinar y distorsionar los buenos dones de Dios, transformándolos en algo que sirva a sus propósitos perversos. Aunque usted, como cristiano, no está bajo su autoridad, Satanás sabe que puede engañarlo poniendo orgullo en su corazón.

El apóstol Pablo habla de esta manera acerca del plan de Satanás:

> Y para que la grandeza de las revelaciones no me exaltase desmedidamente, me ha dado un aguijón en mi carne, un mensajero de

Satanás que me abofetee, para que no me enaltezca sobremanera; respecto a lo cual tres veces he rogado al Señor, que lo quite de mí. Y me ha dicho: Bástate mi gracia; porque mi poder se perfecciona en la debilidad. Por tanto, de buena gana me gloriaré más bien en mis debilidades, para que repose sobre mí el poder de Cristo. Por lo cual, por amor a Cristo me gozo en las debilidades, en afrentas, en necesidades, en persecuciones, en angustias; porque cuando soy débil, entonces soy fuerte (2 Corintios 12.7–10).

Pablo sabía que su éxito fácilmente podría transformarse en la raíz del fracaso. A menudo, se cree que mientras más alto alcance alguien en su liderazgo más fuerte será espiritualmente. Y se le rinde pleitesía y a veces se le envidia por su aparente estatura.

Aunque no se reconozca directamente, muchas veces la gente se imagina a su líder por sobre los niveles normales de la humanidad. En sus mentes, ha llegado a ser alguien casi invencible, tan cerca de Dios que está por encima de las tentaciones de la gente común y corriente. Es fácil creer a alguien cerca del grado de perfección por sus éxitos. Y los mismos líderes han demostrado que muchas veces se lo creen igualmente.

> Mientras más exitoso llegue a ser en el reino de Dios, más alerta debe estar ante las tentaciones de Satanás.

Por esta razón, mientras más exitoso llegue a ser en el reino de Dios, más alerta debe estar ante las tentaciones de Satanás. Él va a tratar de entretejer sus mentiras en sus bendiciones como un cáncer que se entrelaza alrededor de los órganos de su cuerpo. Dirá mentiras sobre su liderazgo y su carácter que parecerán buenas pero las cuales, si usted las cree, se constituirán en la base de sus problemas.

Por ejemplo, como líder fuerte, usted puede ser tentado a controlar a los que le rodean en lugar de equiparlos, prepararlos y darles libertad para actuar. Satanás le dirá que debe controlar a sus seguidores porque son, evidentemente, menos maduros y con frecuencia carecen de discernimiento, entonces tiene que protegerlos y preservar lo que Dios ha hecho para su posterior uso y gloria. Pero controlar no es parte del corazón o carácter de Dios. Satanás usa esta mentira que parece servir a un buen fin para apelar a los verdaderos motivos de su corazón, que son, proteger lo que Dios ha hecho en una manera que mantendrá su posición e importancia.

Satanás usa varias tácticas comunes para extraviar a los hombres y lograr que la gloria de Dios sea quitada de sus vidas.

La autorealización y el orgullo

A medida que su don de liderazgo aumenta, más gente será influenciada con lo que su posición y habilidades se fortalecerán. Mientras más lo alaban, más se definirá usted a la luz de sus dones de liderazgo, los que llegarán a ser una parte consciente de cómo se relaciona con los demás y a menudo empieza a sentirse superior y a actuar como si lo fuera. El orgullo comienza a introducirse sutilmente en su corazón y en su mente. En forma lenta, empieza a pensar y a actuar como si las cosas buenas que se producen a través de usted fueran, en realidad, el resultado de sus habilidades y capacidad; que el don es usted en lugar de simplemente ser un vaso que contiene el don.

Otros lo felicitan, diciendo: «¡Qué tremendo mensaje predicó!» o «Es impresionante su habilidad como vendedor» y usted, entonces, empieza a definirse como «el predicador» o «el vendedor del mes». Fácilmente se olvida que Dios, actuando a través del don que ha puesto dentro de usted es quien realmente está produciendo el fruto. No se da cuenta que el único don que es útil a Dios es el que se ejerce en humildad, el que proclama la gloria de Dios y no la del vaso. ¿Cuánto éxito necesita antes de ser tentado con el orgullo? Muy poco.

Potencialmente, cada bendición puede distanciarlo de Dios. Cada don que él le da para enriquecer su vida y su liderazgo puede conducirlo a la autosuficiencia y al orgullo, alejándolo de los propósitos divinos y llevándolo a la autosatisfacción.

Antes de continuar, permítame añadir una palabra de advertencia relacionada con el orgullo. Usted debe saber darse cuenta cuándo está dando lugar al orgullo. He visto a hombres humildes, piadosos que fueron privados de su liderazgo porque creyeron a una voz en sus cabezas que les decía que eran unos orgullosos. Pensaron que era la voz del Espíritu Santo. Porque sabían que el orgullo es algo malo lo confesaron como pecado y le pidieron a Dios que los perdonara. Pero la voz persistió. Inundados por la culpa dejaron de ejercer gozosamente el don que Dios les había dado.

Yo estoy convencido que Satanás usa el orgullo legítimo para echar abajo a muchos líderes cristianos. También estoy convencido que si Satanás intenta tentar a alguien con el orgullo y la persona se resiste, lo va a atacar por la puerta trasera y tratará de convencerlo que su deleite del don que Dios le dio es el orgullo. Le va a susurrar: «No deberías sentirte bien cuando haces eso; deberías sentirte orgulloso». Pero la verdad es que deberías sentirte contento haciendo lo que Dios creó para que hicieras.

No es malo gozarse y sentir satisfacción en el llamado. Usted debería resistir, diligentemente, los intentos del enemigo para hacerlo sentir culpable por lo que no es orgullo. Él es astuto y hará lo que sea para intimidarle y evitar que use los buenos dones de Dios. Debe aprender a discernir entre el verdadero orgullo y la falsa acusación; escuchar la voz del Espíritu Santo en lugar de la de Satanás. La voz de Satanás está llena con condenación y desesperación mientras que la voz del Espíritu Santo trae esperanza.

> El éxito es, a menudo, una raíz para el fracaso.

La distracción del éxito

A medida que su trabajo prospera bajo la unción de Dios, su organización crecerá y es posible que con frecuencia lo busquen como un gran orador invitado. La gente puede empezar a acudir en cantidades a escucharle y, lógicamente, usted se va a sentir entusiasmado por la admiración que ve en las miradas y en las voces.

Lentamente, las cosas empiezan a cambiar. Es posible que usted comience a pensar que es un gran hombre, creciendo ante sus propios ojos. Agendas recargadas, reuniones con gente importante y comiendo comida fina gradualmente empiezan a tomar el lugar de la oración y el ayuno. Más y más el aumento de poder moldeará su ministerio.

Entonces se deja atrapar por mantener su imagen por lo cual encuentra menos y menos tiempo para buscar el corazón de Dios y ministrar a las necesidades de la gente. Aunque había confiado en Dios para sus necesidades diarias, ahora gasta mucho tiempo tratando de generar suficientes ingresos para mantener el estilo de vida que ha llegado a anticipar para usted y su familia. El éxito tiene el poder de alejarlo lentamente de la dependencia de Dios y, esta forma es, a menudo, una raíz para el fracaso.

Olvidarse de Dios

En Deuteronomio 8.10–18 (NVI) Dios advierte a Israel del peligro de olvidarse de él.

> Cuando hayas comido y estés satisfecho, alabarás al Señor tu Dios por la tierra buena que te ha dado. Pero ten cuidado de no olvidar al Señor tu Dios. No dejes de cumplir sus mandamientos, normas y preceptos que yo te mando hoy. Y cuando hayas comido y te hayas saciado, cuando hayas edificado casas cómodas y las habites, cuando se hayan multiplicado tus ganados y tus rebaños, y hayan aumentado tu plata y tu oro y sean abundantes tus riquezas, no te vuelvas orgulloso ni olvides al Señor tu Dios, quien te sacó de Egipto, la tierra donde viviste como esclavo. El Señor te guió a través del vasto y horrible desierto, esa tierra reseca y sedienta, llena de serpientes venenosas y escorpiones; te dio el agua que hizo brotar de la más dura roca; en el desierto te alimentó con maná, comida que jamás conocieron tus antepasados. Así te humilló y te puso a prueba, para que al fin de cuentas te fuera bien. No se te ocurra pensar: Esta riqueza es fruto de mi poder y de la fuerza de mis manos. Recuerda al Señor tu Dios, porque es él el que te da el poder para producir esa riqueza; así ha confirmado hoy el pacto que bajo juramento hizo con tus antepasados.

Dios reconoció el peligro del éxito. Y advirtió a su pueblo que la prosperidad habría de venir después de sus luchas y que con la prosperidad vendría el peligro de olvidarse de Dios que proveyó para ellos.

Todo siervo de Dios es tentado a olvidarse de él cuando experimenta el éxito, incluso el éxito que viene a través de la bendición de Dios. Recuerde que es Dios quien lo ha capacitado y quien ha traído el éxito a su vida.

Escribir sus propias reglas

Una de las tentaciones más sutiles relacionadas con el éxito es creer que usted puede escribir sus propias reglas. En cierto nivel del éxito usted fácilmente puede empezar a pensar que está por encima de las leyes que otros tienen la obligación de obedecer.

Sin duda que el rey Uzías sabía que no le estaba permitido ofrecer incienso en el altar. No fue, por tanto, que haya pecado por falta de conocimiento sino que con arrogancia creía que estaba por encima de la ley y podía hacer cosas que a otros no les estaba permitido. Se creyó capaz de modificar las leyes para que se ajustaran a sus deseos. Y cuando lo confrontaron, se enfureció.

La historia del rey Salomón sigue el mismo patrón. Él sabía que estaba quebrantando las reglas cuando acumuló riquezas, importó caballos de Egipto y tomó muchas esposas. Y trató de justificarse. Quizás pensó que se merecía un poco de placer después de todo lo que había hecho para Dios. O pudo haber asumido que la clara bendición y aprobación de Dios le daba el derecho de tomarse ciertas libertades con las leyes. Después de todo, era el poder que Dios le había dado el que le permitía hacer esas decisiones.

Muchos líderes hacen esto el día de hoy. Después de alcanzar cierto éxito empiezan a hacer cosas que jamás habrían aceptado años antes. Redactan nuevas leyes en áreas como la moralidad, la acumulación de riquezas, el estilo de vida, la cortesía, las disciplinas en oración y ayuno, cuentas de gastos y muchas cosas más.

Es fácil autoconvencerse de que un servicio fiel a Dios le da derecho a ciertas excepciones. Incluso puede empezar a creer que la letra de la ley fue pensada para líderes con menor madurez. En el mundo, los privilegios acompañan al poder y, como un líder cristiano de éxito e influyente usted quiere creer que Dios permite su compromiso en unas cuantas áreas. Muchos líderes han tropezado en este punto.

Desafortunadamente, a menudo los seguidores fomentan tales conductas. Seguidores como gente grande. Les encantan algunos despliegues extravagantes de riqueza: el estilo de vida de los ricos, vehículos lujosos y aparatos electrónicos de última aparición. Quizás esta tendencia se deba a que ellos esperan que un día también lleguen a ser grandes. O a lo mejor saben que nunca podrán acceder a esa forma suntuosa pero se sienten bien aparentando ser parte de la vida de aquellos otros.

Cuando usted comienza aceptando en su propia vida lo que nunca aceptaría en otro, está empezando a resbalar por el camino del autoengaño.

Buscando su identidad en el liderazgo

Todos los líderes son tentados a buscar su identidad, seguridad y mérito en lo que hacen. Lo que usted hace puede rápidamente llegar a ser más importante que lo que usted es. Se deshace de su identidad como hijo de Dios y busca su identidad como predicador, maestro, hombre de negocios, abogado, etc. Cuando esto ocurre, rápidamente su tendencia será tratar de hacer su trabajo más grande y mejor ya que espera que esto haga de usted alguien más grande y mejor como persona.

Cuando su identidad se encuentra en su liderazgo pueden presentarse varios problemas.

1. Ser muy profesional en el trabajo o «espiritual» en la iglesia pero mucho menos en casa con la familia.
2. No administra adecuadamente a su familia. Su esposa insatisfecha y la rebeldía de sus hijos lo descalifican como líder.
3. Puede transformarse en un líder controlador, tratando de proteger su posición para poder seguir sintiéndose bien con usted mismo.
4. Puede querer seguir disfrutando de una posición donde se sienta muy confortable en lugar de pasarse a un nuevo trabajo que Dios ha preparado para usted.

No hay líder que no tenga que enfrentar esta tentación. Pero usted debe buscar la integridad, la importancia y el bienestar en su relación con Dios y no en el trabajo que está llevando a cabo para él. Usted es su hijo o hija amado o amada por él y completo como ser humano únicamente sobre esa base. Si usted es fiel con el don que él le ha confiado, entonces es absolutamente importante para él haga poco o mucho, sea que ante el mundo aparezca muy grande o muy pequeño.

El pecado que viene después

En 1 Timoteo 5.24–25, Pablo escribe: «Los pecados de algunos hombres se hacen patentes antes que ellos vengan a juicio, mas a otros se les descubren después. Asimismo se hacen manifiestas las buenas obras; y las que son de otra manera, no pueden permanecer ocultas».

Hay hombres cuyos pecados se ven inmediatamente. Estos pecados pueden incluir inmoralidad, alcoholismo o serios defectos en el carácter. Pero otros son capaces de ocultar sus pecados por largo tiempo. Estas personas deben tener serios problemas con la avaricia, la inferioridad o la sexualidad pero son capaces de lograr que no se hagan evidentes en sus acciones. Sin embargo, cuando el desgaste golpea y sus defensas se hacen débiles o cuando llegan a alcanzar el éxito en el liderazgo y creen que pueden crear sus propias reglas, empiezan a practicar descaradamente el pecado que ha estado oculto en sus corazones.

Muchos han sido testigos de la caída de verdaderos siervos de Dios que no pudieron lidiar con sus debilidades potencialmente destructivas. Tenga cuidado. Preocúpese ahora por los pecados «pequeños» antes que el éxito en su liderazgo abra una puerta al diablo que le revele esas áreas de su vida. Construya un sólido fundamento que le permita terminar bien.

Si usted se deja atrapar por Satanás en cualquiera de estas áreas, la bendición de Dios será quitada de su vida y liderazgo. Al darse cuenta que el poder se ha ido, posiblemente se sienta tentado a continuar ejerciendo el liderazgo pero en sus propias fuerzas. Y al hacerlo así, lo reduce desde el nivel divino al nivel humano con lo que pierde su gloria. Mientras más lo intente, más se alejará del verdadero don y más superficial se hará.

En el liderazgo, esto lo llevará a la manipulación y a ejercer autoridad en forma excesiva; en la iglesia puede dar origen a falsas profecías o a dones irreales de sanidad y milagros. En otros casos puede conducir a actitudes dictatoriales en lugar de a un liderazgo de servicio.

Claves para terminar bien

Nadie hace planes para terminar mal; sin embargo, la mayor parte de los líderes nunca piensan a fondo sobre lo que se requiere de ellos para terminar bien. A continuación hay algunos principios que le ayudarán a terminar bien.

Considérese pequeño a sus propios ojos

Cuando comenzaron, tanto Uzías como Salomón eran pequeños a sus propios ojos. Vivieron con humildad y mientras aun no llegaban a ser poderosos, tenían un espíritu de aprender.

En 2 Corintios 12.7–10 Pablo aceptó una espina en la carne porque eso lo hacía sentirse débil. Y enseñó que cuando se sentía débil en sus propias fuerzas entonces era de verdad fuerte en Cristo.

Es difícil considerarse uno mismo pequeño cuando Dios bendice su liderazgo. Recuerde siempre que es la obra de Dios, para su gloria y que solo su bendición hace que el trabajo prospere.

Tenga en su vida una meta clara

El apóstol Pablo sabía de la posibilidad de fracasar al final de su carrera; por eso, en 1 Corintios 9.24–27 llama a los creyentes a: «Corred de tal manera que lo obtengáis [el premio]». Habla de autocontrol y de tener en la vida una meta clara. Dijo: «Golpeo mi cuerpo, y lo pongo en servidumbre, no sea que habiendo sido heraldo para otros, yo mismo venga a ser eliminado» (1 Corintios 9.27). Pablo nunca dejó de tener clara la meta para su vida pues quería terminar bien su carrera.

Su meta —no ser descalificado— le dio dirección y perfiló su forma de enfrentar tanto las pruebas más profundas como los grandes éxitos. En su carta a la iglesia de Filipo, añade:

A fin de conocerle, y el poder de su resurrección, y la participación de sus padecimientos, llegando a ser semejante a él en su muerte, si en alguna manera llegase a la resurrección de entre los muertos. No que lo haya alcanzado ya, ni que sea perfecto; sino que prosigo, por ver si logro asir aquello para lo cual fui también asido por Cristo Jesús. Hermanos, yo mismo no pretendo haberlo ya alcanzado; pero una cosa hago: olvidando ciertamente lo que queda atrás, y extendiéndome a lo que está delante, prosigo a la meta, al premio del supremo llamamiento de Dios en Cristo Jesús (3.10–14).

Estos versículos revelan la humildad de Pablo y su deseo profundo de perseverar en procura de su meta. Él no se concentró únicamente en iniciar iglesias o hacerse de un nombre sino que puso el premio celestial como su meta.

Las cosas terrenales no trajeron a Pablo satisfacción ni una sensación de éxito. La satisfacción y el éxito llegaron solo al conocer a Cristo, al estar conectado a la obra de Dios en el mundo abrazando una perspectiva eterna y ligada al cielo. Conscientemente buscó el reino que hace que las más grandes riquezas y honores de este mundo se vean pálidos e insignificantes en comparación. Él tenía una meta mucho más alta. ¡Si solo Uzias y Salomón hubiesen tenido la misma perspectiva!

Guarde la Palabra de Dios

En Deuteronomio 17.18–20 (NVI) Dios estableció un mandamiento para todos los reyes futuros:

> Cuando el rey tome posesión de su reino, ordenará que le hagan una copia del libro de la ley, que está al cuidado de los sacerdotes levitas. Esta copia la tendrá siempre a su alcance y la leerá todos los días de su vida. Así aprenderá a temer al Señor su Dios, cumplirá fielmente todas las palabras de esta ley y sus preceptos, no se creerá superior a sus hermanos ni se apartará de la ley ni en el más mínimo detalle, y junto con su descendencia reinará por mucho tiempo sobre Israel.

Estas palabras deberían tener un impacto grande en los líderes de hoy.

Si espera ser un líder según el deseo de Dios deberá poner su Palabra en un lugar destacado de su corazón y de su vida.

Tan pronto como las ocupaciones en el liderazgo usurpan su tiempo con la Palabra, usted empieza a estar en problemas. Para mantenerse responsable y no olvidarse de las verdades centrales del evangelio, necesita dejar que la Palabra de Dios lo desafíe y corrija. Sin una amonestación diaria y recordatorios de la Palabra de Dios no podrá servir con eficiencia a él o al pueblo del cual usted es su líder.

> Tan pronto como las ocupaciones en el liderazgo usurpan su tiempo con la Palabra, usted empieza a estar en problemas.

Trate con los pecados ocultos

Quizás le parezca muy fácil dejar que los pecados ocultos permanezcan en su vida. Pero si quiere poner un buen final a su carrera deberá tratar con los pecados ocultos. Si no establece este compromiso, a medida que su liderazgo crezca, le será más fácil justificar su pecado. Pablo nos señala el camino correcto cuando nos dice: «Renunciamos a lo oculto y vergonzoso» (2 Corintios 4.2). Recuerde que sus pecados saldrán a la luz. Tómese un momento para examinar su corazón y ubicar sus pecados ocultos que ha dejado que permanezcan en su vida. Arrepiéntase y deje que el Señor los quite.

Mantenga la perspectiva

Si quiere terminar bien, deberá mantener en una perspectiva apropiada los propósitos de Dios para bendecirlo y prosperarlo. Según 1 Pedro 2.9–10, usted es parte de una raza escogida y un sacerdocio real, por lo que debe dar a conocer a Dios a los demás. En Jeremías 33.6–9, Dios revela su propósito principal para su bendición:

> He aquí que yo les traeré sanidad y medicina; y los curaré, y les revelaré abundancia de paz y de verdad. Y haré volver los cautivos de Judá y los cautivos de Israel, y los restableceré como al principio. Y los limpiaré de toda su maldad con que pecaron contra mí; y perdonaré todos sus pecados que contra mí pecaron, y con que contra mí se rebelaron. *Y me será a mí por nombre de gozo, de alabanza y de gloria, entre todas las naciones de la tierra, que habrán oído todo el bien que yo les hago; y temerán y temblarán de todo el bien y de toda la paz que yo les haré* (cursivas del autor).

La bendición de Dios tiene un propósito: traerle a *él* honor y alabanza. Este es su deseo para todas las iglesias, todos los negocios y cualquiera otra organización.

Usted no solo necesita recordar la razón por la que Dios le bendice sino también mantener una perspectiva apropiada en lo que Dios hace a través de usted. Recuerde que solo su poder es el que cambia las vidas. Él no necesita sus habilidades como maestro, su oratoria persuasiva, sus manos ungidas o su administración talentosa para cambiar las vidas de las personas. Estas maravillas de Dios solo las lleva a cabo el Espíritu Santo.

Dios, en su gracia infinita, le permite a usted tomar parte en su obra no porque necesite de usted sino porque le ama y se regocija en su servicio. Zacarías 4.6 nos sirve como un recordatorio necesario: «No con ejército, ni con fuerza, sino con mi Espíritu, ha dicho Jehová de los ejércitos». Memorice este versículo como un recordatorio que lo mantenga humilde la próxima vez que Dios lo use para algo grande.

Reconozca su vulnerabilidad

Si quiere terminar bien, deberá reconocer su propia vulnerabilidad y susceptibilidad a las tentaciones que Uzías y Salomón enfrentaron. Todos los líderes confrontan tentaciones que son más grandes en la medida que tienen éxito en su trabajo. La triste realidad es que muchos líderes no terminan bien como ocurrió con las dos terceras partes de los líderes mencionados en la Biblia.[1] Esta es una advertencia siempre oportuna. Si usted no es diligente en mantenerse humilde ante Dios, también terminará mal. La única manera de protegerse contra Satanás y sus engaños es reconocer humildemente su propia vulnerabilidad a la tentación y buscar continuamente la corrección de Dios.

Pídale a Dios que examine su corazón, como lo hizo David según leemos en Salmos 139.23–24: «Examíname, oh Dios, y conoce mi corazón; pruébame y conoce mis pensamientos; y ve si hay en mí camino de perversidad, y guíame en el camino eterno».

En este pasaje es posible ver tres niveles de conocimiento. Solo Dios conoce su corazón. Dios y usted conocen sus pensamientos. Dios, usted y todos los que lo ven conocen sus caminos. Este ordenamiento ilustra claramente la forma en que los motivos ocultos de su corazón, los cuales usted no puede conocer a menos que Dios se los revele, pueden tener un impacto significativo en sus acciones. No asuma que su corazón es puro. Recuerde Jeremías 17.9: «Engañoso es el corazón más que todas las cosas, y perverso; ¿quién lo conocerá?».

Sea responsable ante otros

Por último, mantener un compromiso y relaciones francas con pares que lo hagan mantenerse responsable le permitirán terminar bien. Posiblemente vaya a ser tentado, mientras su ministerio crece, a no dejar que otros lo hagan ser responsable. Si cede a esta tentación, solo estará preparándose para una gran caída.

No importa quién sea usted. No importa cuán avanzado y productivo sea su liderazgo, necesita a una persona que lo haga ser responsable. Necesitará a alguien que no se beneficie directamente de su liderazgo y que lo conozca a usted tan bien que le pueda preguntar: «¿Cómo estás usando tu poder?». «¿Cómo es tu vida devocional?». «¿Tienes tus pensamientos bajo control?». Proverbios 11.14 dice: «Sin dirección, la nación fracasa; el éxito depende de los muchos consejeros» (NVI). Proverbios 24.6 aconseja: «La guerra se hace con buena estrategia; la victoria se alcanza con muchos consejeros» (NVI).

Conclusión

Mucha gente empieza bien su servicio a Dios. Pocos lo terminan así. Reciba la advertencia de la historia, como queda en evidencia en las vidas de Uzías, Salomón y muchos otros líderes bíblicos contemporáneos que cayeron estrepitosamente cuando estaban en la parte más alta de sus carreras. Algunos hicieron un fuerte impacto; otros, simplemente desaparecieron.

Conocemos la historia de David, que pecó terriblemente, pagó un gran precio, se arrepintió y fue restaurado. Líderes que han pecado deberían seguir el ejemplo de David y humildemente arrepentirse de tal modo que Dios también los restaure a ellos.

Usted no puede tomar el pecado livianamente porque, cuando el líder falla, trae una gran vergüenza al nombre de Dios y gran dolor a otros. Tome todas las precauciones para rechazar las voces que dicen: «Puedes disfrutar este pecado y luego arrepentirte y ser perdonado». Dios conoce su corazón. Él verá su eventual rechazo del pecado y conocerá la sinceridad de su arrepentimiento.

Finalmente, Pedro, Jacobo, Juan, Pablo y los líderes contemporáneos que han terminado bien pueden darle ánimo. Es posible. Dios provee una salida para cada tentación. Afírmese en la victoria del Señor mientras anda humildemente con él, nunca asumiendo que las fuerzas de hoy le aseguran la victoria mañana. Mi oración es que tanto usted como yo terminemos bien.

ASIGNACIÓN PARA LA ACCIÓN

1. Lea cuidadosamente los siguientes pasajes bíblicos y ponga una marca al lado después de haberlos leído.

_____ 2 Crónicas 26

_____ 1 Reyes 3.1—11.14

_____ Deuteronomio 17.14–20

_____ 1 Corintios 9.24–27

_____ Filipenses 3

2. Memorice 2 Timoteo 4.7–8 y escríbalo de memoria.

3. ¿Cuál de los pensamientos que aparecen abajo cruzan por su mente cuando piensa en llegar a ser muy exitoso en su ministerio?

(Reconocer que ha tenido ciertos pensamientos no indica que sean su motivación principal. Usted, en cuanto líder, está simplemente reconociendo que ha sido tentado en esta forma. Este es el primer paso para protegerse en contra de ellos. Haga una marca en todos los que correspondan.)

_____ Me gusta sentir que estoy ejerciendo mi liderazgo bajo una unción poderosa.

_____ Me gustaría que otros me consultaran.

_____ Me gustaría demostrar a ciertas personas que puedo hacerlo.

_____ Me atrae el estilo de vida de los grandes líderes.

_____ Preferiría comer rica comida y hablar en muchos lugares que ayunar, orar y buscar a Dios como lo he venido haciendo hasta ahora.

_____ Me gustaría disfrutar de los privilegios que acompañan a un gran líder.

4. Repase la sección «Las razones para la caída de los hombres». ¿Cuál de todas las razones le parece una mayor tentación para usted en este momento de su vida y por qué?

5. Repase las *Claves para terminar bien*. ¿Cuál es la que le parece más necesaria en su vida en estos momentos? ¿Qué haría para ponerla en práctica?

6. ¿En qué área le ha hablado Dios más fuerte en estas lecciones?

7. ¿Qué pasos dará ahora para asegurarse que terminará bien? Sea específico.

EPÍLOGO

Felicitaciones. ¡Ha terminado el libro! Reconozca, sin embargo, que lo que Dios está haciendo en usted está lejos de completarse. Su obra de ser «transformados de gloria en gloria, en la misma imagen, como por el Espíritu del Señor» (2 Corintios 3.18) es un proceso que dura toda la vida. Mientras usted crece en sus recursos y habilidades para guiar a otros, yo pido a Dios que conserve su corazón tierno y sensible a su alimentación y corrección. Él quiere que usted, como David, sea un líder según el corazón de Dios. Un corazón recto ante Dios y una voluntad para ser usado por él crean una combinación poderosa a través de la que usted puede llegar a realizar grandes cosas para el reino de Cristo.

Y el Dios de paz que resucitó de entre los muertos a nuestro Señor Jesucristo, el gran pastor de las ovejas, por la sangre del pacto eterno, os haga aptos en toda buena obra para que hagáis su voluntad, haciendo él en vosotros lo que es agradable delante de él por Jesucristo, al cual sea la gloria por los siglos de los siglos. Amén (Hebreos 13.20–21).

QUÉ ES LA ALIANZA GLOBAL LEAD

La Alianza Global LEAD es una coalición internacional para el desarrollo de programas de liderazgo. Estos programas son esfuerzos de iglesias locales y se concentran en delinear el carácter y en desarrollar las cualidades de liderazgo para una generación de líderes capaz de llevar a cabo la gran comisión de Cristo Jesús. La Alianza Global LEAD es un ministerio vinculado a Global Disciples. Para más información, visite http://globaldisciples.org o escriba a la siguiente dirección:

Global Disciples
315 W. James St., Suite 202
Lancaster, PA, 17520
Email: mail@GlobalDisciples.net

ACERCA DEL AUTOR

El reverendo Jon Byler es coordinador internacional de la Alianza Global LEAD. Antes de 2004, vivió y trabajó durante trece años en Kenya, donde ayudó a desarrollar el Instituto de Formación de Liderazgo. Su pasión es ver desarrollarse programas de capacitación de liderazgo en todo el mundo. Es autor de *7 Keys to Financial Freedom*, *El corazón del líder*, *The Art of Christian Leadership* y varios otros. Está casado con Loice y tienen tres hijos. Jon escribe un eZine quincenalmente, «Reflections for Servant Leaders». Está disponible en español y puede inscribirse para recibirlo gratis en su sitio web, www.leadersserve.com.